全国干部学习培训教材

建设现代化经济体系

全国干部培训教材编审指导委员会组织编写

人民出版社

党建读物出版社

序　言

　　善于学习，就是善于进步。党的历史经验和现实发展都告诉我们，没有全党大学习，没有干部大培训，就没有事业大发展。面对当今世界百年未有之大变局，面对进行伟大斗争、伟大工程、伟大事业、伟大梦想的波澜壮阔实践，我们党要团结带领全国各族人民抓住和用好我国发展重要战略机遇期，坚持和发展中国特色社会主义，统筹推进"五位一体"总体布局、协调推进"四个全面"战略布局，推进国家治理体系和治理能力现代化，促进人的全面发展和社会全面进步，防范和应对各种风险挑战，实现"两个一百年"奋斗目标、实现中华民族伟大复兴的中国梦，就必须更加崇尚学习、积极改造学习、持续深化学习，不断增强党的政治领导力、思想引领力、群众组织力、社会号召力，不断增强干部队伍适应新时代党和国家事业发展要求的能力。

我们党依靠学习创造了历史，更要依靠学习走向未来。要加快推进马克思主义学习型政党、学习大国建设，坚持把学习贯彻新时代中国特色社会主义思想作为重中之重，坚持理论同实际相结合，悟原理、求真理、明事理，不断增强"四个意识"、坚持"四个自信"、做到"两个维护"，教育引导广大党员、干部按照忠诚干净担当的要求提高自己，努力培养斗争精神、增强斗争本领，使思想、能力、行动跟上党中央要求、跟上时代前进步伐、跟上事业发展需要。

抓好全党大学习、干部大培训，要有好教材。这批教材阐释了新时代中国特色社会主义思想的重大意义、科学体系、精神实质、实践要求，各级各类干部教育培训要注重用好这批教材。

2019 年 2 月 27 日

目 录

第一章
建设现代化经济体系概述

习近平总书记在党的十九大报告中指出，我国经济已由高速增长阶段转向高质量发展阶段，正处在转变发展方式、优化经济结构、转换增长动力的攻关期，建设现代化经济体系是跨越关口的迫切要求和我国发展的战略目标。现代化经济体系，是由社会经济活动各个环节、各个层面、各个领域的相互关系和内在联系构成的一个有机整体，是面向社会主义现代化的经济体系，是生产力与生产关系现代化的统一体。习近平总书记强调，国家强，经济体系必须强。只有形成现代化经济体系，才能抓住重要战略机遇期，更好顺应现代化发展潮流，赢得国际竞争主动，为其他领域现代化提供有力支撑，为实现人民对美好生活的向往打下更为坚实强大的物质基础。

第一节　建设现代化经济体系的重要战略意义

建设现代化经济体系是中国共产党根据新时代的历史方位、社会主要矛盾变化和发展目标，对我国经济发展作出的总体战略部署。马克思主义认为，生产力是全部社会生活的物质前提。我们党带领全国人民建设现代化经济体系，是践行马克思主义生产力和生产关系思想的重要实践，目的就是要进一步调整完善生产关系，不断解放和发展社会生产力。同时也要看到，建设现代化经济体系只有进行时，没有完成时。正如习近平总书记指出的，中华民族伟大复兴，绝不是轻轻松松、敲锣打鼓就能实现的，全党必须准备付出更为艰巨、更为艰苦的努力。

一、建设现代化经济体系的历史和时代背景

建设现代化经济体系是生产力和生产关系辩证统一的动态过程，是一个接续传承的过程。我国在"站起来""富起来""强起来"的每一段历史进程中，都在向着现代化的目标不断迈进，呈现出时代背景不同、具体形态多样但精神实质和内在脉络高度统一的历史逻辑。

1840 年后，我国自给自足的自然经济逐渐解体，工业革命机遇没有抓住，尽管民族工业有一些发展、外国资本有一些进入，但总体上国家贫穷落后、战乱不已，在时代前进的潮流中掉队了。这一状态持续了百余年。

1949 年 10 月 1 日，我们党团结带领全国各族人民建立了中

华人民共和国，彻底结束了旧中国半殖民地半封建社会的历史，中国人民从此站了起来。为了让刚刚建立起来的新中国在世界上迅速站稳脚跟，尽快开展国民经济建设特别是工业化建设，成为我们党的首要战略任务。从第一个五年计划开始，经过二十多年的发展，我国成功建立起独立、完整的工业体系，工业门类齐全程度、技术水平和开发能力都是新中国建立之初所无法想象的。党领导人民艰苦奋斗，在经济体系特别是工业体系建设方面取得的伟大成绩，不但有效支撑了新中国屹立于世界民族之林，而且也为我国逐步发展壮大、迈向现代化强国奠定了雄厚基础。

1978年12月，我们党召开了具有划时代意义的十一届三中全会，党的工作重心转向"以经济建设为中心"，开启了改革开放和社会主义现代化建设历史新时期，中国人民从"站起来"到"富起来"的壮丽新篇章就此展开。这一时期经济建设的重要着力点就是激发广大人民群众的创造性，通过制度创新解放和发展社会生产力。经过持续努力和探索，我们创造了第二次世界大战结束后一个国家经济高速增长持续时间最长的奇迹。我国经济总量在世界上的排名，改革开放之初是第十一位，2005年超过法国居第五位，2006年超过英国居第四位，2007年超过德国居第三位，2010年超过日本居第二位，同年我国制造业规模超过美国，居世界第一位。我们用几十年时间走完了发达国家一二百年走过的发展历程，各方面建设都取得了长足进步，发展成果惠及广大人民群众。

2012年党的十八大召开以来，以习近平同志为核心的党中央，以巨大的政治勇气和强烈的责任担当，提出一系列新理念新思想新战略，出台一系列重大方针政策，推出一系列重大举措，推进一系列重大工作，解决了许多长期想解决而没有解决的难题，办成了许多过去想办而没有办成的大事，迎来了我国由"富起来"向"强起来"的伟大飞跃。经济保持中高速增长，在世界主要国家中名列前茅，国内生产总值稳居世界第二，成功进入上中等收入国家行列，供给侧结构性改革深入推进，经济结构不断优化，全面深化改革取得重大突破，中国特色社会主义制度更加完善。这些历史性变革，对党和国家事业发展都具有重大而深远的影响。

习近平总书记在党的十九大报告中指出，中国特色社会主义进入了新时代，这是我国发展新的历史方位。以习近平同志为核心的党中央总揽世情国情党情全局、站在实现中华民族伟大复兴的高度、从生产力与生产关系辩证统一的大逻辑出发，作出建设现代化经济体系的战略部署，必将为决胜全面建成小康社会、开启全面建设社会主义现代化国家新征程奠定坚实的物质基础，必将为把我国建设成为富强民主文明和谐美丽的社会主义现代化强国提供强有力的支撑。

二、建设现代化经济体系的重大意义

（一）这是贯彻习近平新时代中国特色社会主义思想、实现新时代党的历史使命的重大部署

建设现代化经济体系，意味着更高质量、更有效率、更加公平、更可持续的发展。正如马克思所说，"人们所达到的生产力的总和决定着社会状况"。加快建设现代化经济体系，是解放和发展社会生产力这一社会主义本质要求在新时代的集中体现。党的十九

大综合分析国内外形势和发展条件，对决胜全面建成小康社会提出明确要求，将实现第二个百年奋斗目标分为两个阶段安排——从2020年到2035年，在全面建成小康社会的基础上，再奋斗15年，基本实现社会主义现代化；在基本实现现代化的基础上，再奋斗15年，把我国建成富强民主文明和谐美丽的社会主义现代化强国。原定基本实现现代化的目标提前15年完成，第二个百年目标则是充实提升。为确保实现这一战略目标，必须有高度发达的生产力。发展始终是党执政兴国的第一要务，是解决我国所有问题的关键。我们党已经站在新的历史起点上，已经踏上新的历史征程。按照习近平总书记的要求，进行伟大斗争、建设伟大工程、推进伟大事业、实现伟大梦想，必须有强大的物质基础，这就要求必须加快建设现代化经济体系。

（二）这是紧扣新时代我国社会主要矛盾、落实中国特色社会主义经济建设布局的内在要求

长期以来，我国社会主要矛盾是人民日益增长的物质文化需要同落后的社会生产之间的矛盾。经过几代人的艰苦努力，我国稳定解决了十几亿人的温饱问题，总体上实现小康，不久将全面建成小康社会。随着经济社会发展水平的不断提高，人民不仅对物质文化生活提出了更高要求，而且在民主、法治、公平、正义、安全、环境等方面的要求也日益增长。值得重视的是，虽然我国社会生产力水平显著提高，社会生产能力在很多方面进入世界前列，但发展不平衡不充分的问题仍然突出，这已经成为满足人民日益增长的美好生活需要的主要制约因素。基于此，党的十九大作出了"我国社会主要矛盾已经转化为人民日益增长的美好生活需要和不平衡不充分的发展之间的矛盾"这一重大判断。建设现代化经济体系，就是要让经济系统的各个部分运转更加协调、联动更加顺畅，以更好地满足人民群众日益增长的美好生活需要。

（三）这是决胜全面建成小康社会、开启全面建设社会主义现代化国家新征程的基本途径

这里提到的基本途径，不是凭空想象，而是在伟大历史实践中总结出来的。20 世纪 80 年代，党中央提出我国社会主义现代化建设分三步走的战略目标，依托的就是解放和发展生产力；党的十八大、十九大强调实现"两个一百年"奋斗目标，依靠的是统筹推进"五位一体"总体布局和协调推进"四个全面"战略布局；党的十九大把握中国特色社会主义进入新时代的发展大势，提出决胜全面建成小康社会、开启全面建设社会主义现代化国家新征程的战略目标，要求我们必须牢牢扭住经济建设这个中心，贯彻新发展理念，加快建设现代化经济体系。

（四）这是适应我国经济已由高速增长阶段转向高质量发展阶段、跨越发展关口的迫切需要

发展实践表明，高速增长阶段很大程度是凭借各类要素的大量投入，这一时期往往注重要素的"量"，而忽略"质"和"效率"。高质量发展阶段强调在提高全要素生产率上下功夫，侧重提高要素的投入产出效率，一方面将更多依靠科技、人力资本、信息、数据等新的生产要素来推动，另一方面要依靠劳动、资本、土地、资源等传统要素配置使用效率提高来提升。建设现代化经济体系，提高全要素生产率，是推动高质量发展的必然要求。

三、建设现代化经济体系面临难得的历史机遇

（一）中国共产党的坚强领导，是建设现代化经济体系的根本政治保证

我们党是用马克思主义武装起来的政党，之所以能够历经艰难困苦而不断发展壮大，是因为党始终重视思想建党、理论强党。党的十八大以来，在以习近平同志为核心的党中央坚强领导下，坚定推进全面从严治党，加强了党中央对经济工作的集中统一领导，有效做好经济领域重大工作的顶层设计、总体布局、统筹协调、整体推进、督促落实等工作，宏观调控经验不断积累，处理复杂严峻局面能力不断提高，为开创党和国家事业新局面提供了重要保证，也为下阶段建设现代化经济体系提供了强有力的政治保障。

（二）新一轮科技革命和产业变革正处于重要历史交汇期，为建设现代化经济体系提供难得机遇

习近平总书记指出，"新科技革命和产业变革将重塑全球经济结构，就像体育比赛换到了一个新场地"。互联网、大数据、云计算、人工智能等技术和其他学科的交叉应用已经初见端倪。我国基本具备发展新兴产业、高端产业甚至前沿产业的基础，完全有条件、有潜力在关键技术领域取得重大突破。科技创新是建设现代化经济体系的重要战略支撑和必由之路，当前蓄势待发的新一轮科技革命客观上给我国加快建设现代化经济体系提供了良好机遇。

[专 栏]

发达国家瞄准新一轮科技革命抓紧布局

新一轮科技革命方兴未艾，发达国家深知，抢抓这一轮机遇，对未来世界格局影响深远，因此纷纷开始在相关各领域积极布局。

德国发布《德国 2020 高技术战略》，由德国联邦教育局及研究部和联邦经济技术部联合资助，意图提升制造业的智能化水平，建立智慧工厂，在商业流程及价值流程中整合客户及商业伙伴。其技术基础是网络实体系统及物联网。

美国发布《美国国防部 2013—2017 年科技发展"五年计划"》，瞄准未来六大颠覆性基础研究，分别是超材料与表面等离激元学、量子信息与控制技术、认知神经学、纳米科学与纳米工艺、合成生物学、对人类行为的计算机建模。在上述领域，有的研究已取得关键突破。

英国发布《我们的增长计划：科学和创新》，聚焦八大类技术，分别是大数据和高性能计算、合成生物学、再生医学、农业科技、能源及储能、先进材料及纳米技术、机器人及自治系统、卫星及航天技术应用。

——国家信息中心根据有关资料整理

（三）全方位外交布局深入展开，整合利用国际国内两种资源建设现代化经济体系的有利因素不断积累

秉持开放、融通、互利、共赢的合作观，树立平等、互鉴、对话、包容的文明观，坚持共商、共建、共享的全球治理观，高质量、高标准、高水平建设"一带一路"，为亚太和世界各国人民创造更多发展机遇，"一带一路"倡议已经得到 100 多个国家和国际组织积极响应支持，一大批早期收获项目落地开花，共赢共享发展的格局初步形成。外商投资管理体制更加完善，"走出去"战略扎实推进。致力于同美国发展良好的中美关系，同俄罗斯发展全面战略协作伙伴关系，同欧洲发展和平、增长、改革、文明伙伴关系，同金砖国家发展团结合作的伙伴关系，积极发展与亚洲国家关系，中日韩合作打开新局面，中国与东盟合作提质升级，不断深化中拉、中非关系。我们倡导构建人类命运共同体，促进全球治理体系变革，影响力、号召力、塑造力进一步提高。在保护主义、单边主义、强权政治抬头的国际背景下，阐明中国始终坚持双赢多赢共赢，坚持共商共建共享，彰显了建设性、负责任、重道义的大国形象。全方位、多层次、立体化的外交布局为加快建设现代化经济体系创造了积极条件。

（四）经济保持平稳健康发展，为建设现代化经济体系提供重要支撑

2008 年国际金融危机之后，国际上唱衰中国经济、预言中国经济硬着陆的声音和观点不断。面对错综复杂的国内外经济环境，我们坚持稳中求进工作总基调，以推进供给侧结构性改革为主线，

坚定推进改革开放，妥善应对风险挑战，经济在转型升级的过程中运行稳中有进。2013—2017年，国内生产总值年均增长7.1%。经济结构不断优化，转型升级扎实推进，新动能加快成长，质量效益明显提高，经济增长的韧性、稳定性和可持续性不断增强。良好的经济基本面是建设现代化经济体系的重要基础。

四、建设现代化经济体系面临不少困难挑战

（一）国内长期积累的结构性矛盾凸显

目前，我国经济正处在转变发展方式、优化经济结构、转换增长动力的攻关期，增长的内生动力不强，创新能力不足，一些行业产能严重过剩，同时大量关键装备、核心技术、高端产品还依赖进口，一些有购买力支撑的高品质商品和服务需求在国内得不到有效供给，城乡区域发展和收入分配差距依然较大，基本公共服务与群众期盼仍然有一定差距。

（二）世界大发展大变革大调整在给我国发展提供历史机遇的同时，也带来了一些必须正视的风险挑战

世界多极化、经济全球化、社会信息化、文化多样化深入发展，全球治理体系和国际秩序变革加速推进，各国之间的相互联系和依存日益加深，和平发展大势不可逆转。同时，世界潜藏着不稳定性不确定性因素，单边主义、保护主义、民粹主义抬头趋势明显，美国特朗普政府上台之后打着"美国优先"的旗号，挑起经贸摩擦，对我国国内经济发展特别是市场预期、企业信心造成了一定的负面影响，也使多边贸易体制和自由贸易原则遭遇严重威胁。世

界经济增长动能不足，贫富分化日益严重，地区热点问题此起彼伏，恐怖主义、网络安全、重大传染性疾病、气候变化等非传统安全威胁持续蔓延，人类面临许多共同挑战。我国只有加快建设现代化经济体系，推动高质量发展，才能在激烈的国际竞争中赢得主动。

[专栏]

中美经贸关系六大事实

国务院新闻办公室 2018 年 9 月 24 日发表了《关于中美经贸摩擦的事实与中方立场》白皮书。

白皮书重点辨析中美经贸关系六大事实，认为不应仅看货物贸易差额片面评判中美经贸关系得失；不应脱离世界贸易组织的互惠互利原则谈论公平贸易；不应违背契约精神指责中国进行强制技术转让；不应抹杀中国保护知识产权的巨大努力与成效；不应将中国政府鼓励企业"走出去"歪曲为一种推动企业通过并购获取先进技术的政府行为；不应脱离世界贸易组织规则指责中国的补贴政策。

现任美国政府通过发布《对华 301 调查报告》等方式，对中国作出"经济侵略""不公平贸易""盗窃知识产权""国家资本主义"等一系列污名化指责，严重歪曲了中美经贸关系的事实，无视中国改革开放的巨大成绩和中国人民为此付出的心血汗水，这既是对中国政府和中国人民的不尊重，也是对美国人民真实利益的不尊重，只会导致分歧加大、摩擦升级，最终损害双方根本利益。

——摘自《关于中美经贸摩擦的事实与中方立场》白皮书

第二节 建设现代化经济体系的科学内涵、指导思想和宏伟愿景

建设现代化经济体系是一个多方面因素复合的整体，涉及经济活动各个环节、各个层面、各个领域，是一项系统性工程。它的愿景和目标是有具体指向的，其最终落脚点就是要把中国从经济大国发展成为经济强国。

一、现代化经济体系的科学内涵

从现代化的概念看，是指不发达社会成为发达社会的过程和目标，是一个动态的过程。所谓现代化，最初来自从农业经济向工业经济转变的历史进程。现代化的具体内涵，会随着生产力的发展变化而不断丰富，因而是动态的。关于现代化的理论有很多流派，过程学派、行为学派、实证学派、综合学派等观点各异、角度不同，但共性之处在于强调"现代化"是一个变革的过程、复杂的过程，这些学派的理论可以为我们理解现代化经济体系提供有益借鉴。

从"经济体系"的概念看，所谓"经济"是指国民经济的总称，所谓"体系"是指若干有关事物相互联系、相互作用而构成的一个整体。习近平总书记在 2018 年 1 月 30 日中共中央政治局集体学习时，提出了我国现代化经济体系"6+1"的战略构想，包括创新引领、协同发展的产业体系，统一开放、竞争有序的市场体系，体现效率、促进公平的收入分配体系，彰显优势、协调联动的城乡区域发展体系，资源节约、环境友好的绿色发展体系，多元平衡、安全高效的全面开放体系，充分发挥市场作用、更好发挥政府作用的经济体制。

[专 栏]

建设现代化经济体系的"七个要"

要建设创新引领、协同发展的产业体系，实现实体经济、科技创新、现代金融、人力资源协同发展，使科技创新在实体经济发展中的贡献份额不断提高，现代金融服务实体经济的能力不断增强，人力资源支撑实体经济发展的作用不断优化。

要建设统一开放、竞争有序的市场体系，实现市场准入畅通、市场开放有序、市场竞争充分、市场秩序规范，加快形成企业自主经营公平竞争、消费者自由选择自主消费、商品和要素自由流动平等交换的现代市场体系。

要建设体现效率、促进公平的收入分配体系，实现收入分配合理、社会公平正义、全体人民共同富裕，推进基本公共服务均等化，逐步缩小收入分配差距。

要建设彰显优势、协调联动的城乡区域发展体系，实现区域良性互动、城乡融合发展、陆海统筹整体优化，培育和发挥区域比较优势，加强区域优势互补，塑造区域协调发展新格局。

要建设资源节约、环境友好的绿色发展体系，实现绿色循环低碳发展、人与自然和谐共生，牢固树立和践行绿水青山就是金山银山理念，形成人与自然和谐发展现代化建设新格局。

要建设多元平衡、安全高效的全面开放体系，发展更高层次开放型经济，推动开放朝着优化结构、拓展深度、提高效益方向转变。

要建设充分发挥市场作用、更好发挥政府作用的经济体制，实现市场机制有效、微观主体有活力、宏观调控有度。

——《人民日报》2018 年 2 月 1 日，第 1 版

从"现代化经济体系"的本质看，建设现代化经济体系是生产力与生产关系辩证统一的过程。马克思主义认为，物质生产力是全部社会生活的物质前提；与生产力发展一定阶段相适应的生产关系

的总和构成社会经济基础。建设现代化经济体系的本质，就是解放和发展生产力；通过不断完善符合生产力发展要求的生产关系，释放生产力发展的活力和动力，这是建设现代化经济体系的必由之路和题中应有之义。

二、建设现代化经济体系要以习近平新时代中国特色社会主义思想为指导

习近平新时代中国特色社会主义思想是实现"两个一百年"奋斗目标和中华民族伟大复兴中国梦的行动指南，创新、协调、绿色、开放、共享的发展理念是我国经济社会发展必须长期坚持的重要遵循，推动高质量发展是当前和今后一个时期确定发展思路、制定经济政策、实施宏观调控的根本要求。建设现代化经济体系，必须以习近平新时代中国特色社会主义思想为指导，坚持"一个中心、两个基本点"的基本路线，遵循新时代坚持和发展中国特色社会主义的基本方略，坚持党的领导，坚持以人民为中心，坚持全面深化改革，坚持新发展理念，坚持在发展中保障和改善民生，坚持人与自然和谐共生，坚持总体国家安全观，坚持推动构建人类命运共同体。在工作中，要把握好以下基本原则。

（一）贯彻新发展理念

党的十八大以来，习近平总书记顺应时代和实践发展的新要求，坚持以人民为中心的发展思想，鲜明提出要坚定不移贯彻创新、协调、绿色、开放、共享的新发展理念，引领我国发展全局发生历史性变革。新发展理念直指我国发展中的突出矛盾和问题，深刻揭示

了实现更高质量、更有效率、更加公平、更可持续发展的必由之路，对于进一步转变发展方式、优化经济结构、转换增长动力，推动我国经济实现高质量发展具有重大指导意义，是我国经济社会发展必须长期坚持的重要遵循。创新、协调、绿色、开放、共享的新发展理念，其内在各要素相互贯通、相互促进，共同构成具有内在辩证联系的集合体，要统一贯彻，不能顾此失彼，也不能相互替代。其中，创新是引领发展的第一动力，协调是持续健康发展的内生特点，绿色是永续发展的普遍形态，开放是国家繁荣发展的必由之路，共享是中国特色社会主义的根本目的。习近平总书记指出："新发展理念就是指挥棒、红绿灯。全党要把思想和行动统一到新发展理念上来，努力提高统筹贯彻新发展理念的能力和水平，对不适应、不适合甚至违背新发展理念的认识要立即调整，对不适应、不适合甚至违背新发展理念的行为要坚决纠正，对不适应、不适合甚至违背新发展理念的做法要彻底摒弃。"建设现代化经济体系，要以新发展理念为引领，更加突出发展的创新性，瞄准世界科技前沿，强化基础研究和应用基础研究，实现前瞻性基础研究、引领性创新成果重大突破。更加突出发展的协调性，实施乡村振兴战略和区域协调发展战略，推进新型城镇化。更加突出发展的可持续性，建立健全绿色低碳循环发展的经济体系。更加突出发展的内外联动性，以"一带一路"建设为重点，坚持"引进来"和"走出去"并重，形成陆海内外联动、东西双向互济的开放格局。更加突出发展的包容性、普惠性，使人民的获得感、幸福感、安全感更加充实，更有保障，更可持续。

（二）把握高质量发展要求

党的十九大报告指出，我国经济已由高速增长阶段转向高质量发展阶段。高质量发展集中体现了坚持以提高发展质量和效益为中心，是为了更好满足人民日益增长的美好生活需要的发展，是体现新发展理念的发展，是创新成为第一动力、协调成为内生特点、绿色成为普遍形态、开放成为必由之路、共享成为根本目的的发展。由高速增长阶段转向高质量发展阶段，是我国经济发展进入新时代的基本特征，符合一国经济在经过长期高速增长和量的积累后必然转向质的提升的客观规律。推动高质量发展也是我国经济发展的内在要求，是保持经济持续健康发展的必然要求，是适应我国社会主要矛盾变化和全面建成小康社会、全面建设社会主义现代化国家的必然要求，是遵循经济规律发展的必然要求，对于我国发展全局具有重大现实意义和深远历史意义，必须深刻认识、全面领会、真正落实。建设现代化经济体系，必须把握高质量发展这个要求，加快形成推动高质量发展的指标体系、政策体系、标准体系、统计体系、绩效评价、政绩考核，创建和完善制度环境，推动我国经济在实现高质量发展上不断取得新进展。

（三）坚持质量第一、效益优先

提高效率效益是发展的永恒主题。高质量发展的重要标志就是不断提高劳动、资本、土地、资源等要素的投入产出效率和微观主体的经济效益。当前，高速增长阶段形成的发展质量和效益不高问题仍然突出，影响我国经济持续健康发展和满足人民日益增长的美好生活需要。建设现代化经济体系，要切实把提质增效放到首要位置，将质量第一、效益优先的要求贯彻到经济社会发展的各方面各环节，着力改变过去主要依靠要素投入、外需拉动、规模扩张的思维定式、行为惯性、路径依赖，解决由此产生的产能过剩、杠杆增加、风险加大、效益低下、竞争力不足等问题，加快推动经济发展由要素驱动向创新驱动转变，由规模速度型向质量效益型转变，由成本、价格优势为主向技术、标准、品牌、质量、服务为核心的综合优势转变。

（四）以供给侧结构性改革为主线

供给侧结构性改革是在国际环境发生重大变化的背景下，针对我国经济发展新阶段出现的突出矛盾，为解决现实问题提出的重大理论和政策创新。要把推进供给侧结构性改革作为当前和今后一个时期经济发展和经济工作的主线，转变发展方式，培育创新动力，为经济持续健康发展打造新引擎、构建新支撑。建设现代化经济体系，要打赢供给侧结构性改革这场硬仗，把提高供给体系质量作为主攻方向，落实"巩固、增强、提升、畅通"八字方针，着力去产能、去库存、去杠杆、降成本、补短板，重点在"破""立""降"上下功夫，把补短板和增强微观主体活动作为当前深化供给侧结构性改革的重点任务。要通过深化供给侧结构性改革，优化存量资源配置，扩大优质增量供给，实现更高水平和更高质量的供需动态平衡，显著增强我国经济质量优势。

（五）推动质量变革、效率变革、动力变革

习近平总书记指出，"中国经济发展的战略目标就是要在质量变革、效率变革、动力变革的基础上，建设现代化经济体系，提高全要素生产率，不断增强经济创新力和竞争力"。质量变革，包括通常所说的提高产品和服务质量，更重要的是全面提高国民经济各领域、各层面的素质。效率变革，就是要找出并填平在以往高速增

长阶段被掩盖或忽视的各种低效率洼地，为高质量发展打下一个效率和竞争力的稳固基础。动力变革，就是要适应建设现代化经济体系的需要，推动经济发展由要素驱动向创新驱动转变，实现新旧动能转换。在三大变革中，质量变革是主体，效率变革是主线，动力变革是基础，关键是切实、持续地提高全要素生产率。推动质量变革、效率变革、动力变革，是新时代推动经济发展的必然选择，是高质量发展阶段的必然要求，是建设现代化经济体系的应有之义。只有持续不断推动经济发展质量变革、效率变革、动力变革，促进全要素生产率不断提高，才能振兴实体经济，培育我国经济新的竞争优势；才能不断创造新的产业，创造新的就业机会；才能破解资源环境约束，实现经济社会可持续发展。

三、建设现代化经济体系的宏伟愿景和目标

加快建设现代化经济体系的阶段性目标。到 2020 年，打赢防范化解重大风险、精准脱贫、污染防治三大攻坚战，成功跨越非常规的我国经济发展现阶段特有的关口，建设现代化经济体系迈出实质性步伐，"十三五"规划各项任务全面完成，确保全面建成小康社会得到人民认可、经得起历史检验。在此基础上，到 2022 年党的二十大召开之际市场机制有效、微观主体有活力、宏观调控有度的经济体制基本建立，创新、协调、绿色、开放、共享的新发展理念更加深入人心，供给侧结构性改革持续向纵深推进，建设现代化经济体系取得重要进展，创新引领协同发展的产业体系、统一开放竞争有序的市场体系、体现效率促进公平的收入分配体系、彰显优势协调联动的城乡区域发展体系、资源节约环境友好的绿色发展体

系、多元平衡安全高效的全面开放体系更加健全，人民日益增长的美好生活需要得到更好满足，为开启全面建设社会主义现代化国家新征程创造更好条件。

加快建设现代化经济体系的中长期目标。到 2035 年，供给侧结构性改革促进供需实现更高水平动态平衡，质量变革、效率变革、动力变革取得实质性成效，市场机制有效、微观主体有活力、宏观调控有度的经济体制进一步完善，现代化经济体系基本建成，转变经济发展方式、优化经济结构、转换增长动力取得决定性进展，跨越常规性、长期性关口取得显著成效，我国经济实力、科技实力大幅跃升，基本实现社会主义现代化，为建设社会主义现代化强国打下更加坚实的基础。到 2050 年，现代化经济体系全面建成，全体人民共同富裕基本实现，我国成为富强民主文明和谐美丽的社会主义现代化强国。

第三节　建设现代化经济体系的国际经验和教训

习近平总书记指出，建设现代化经济体系，要借鉴发达国家有益做法，更要符合中国国情、具有中国特色。发达国家的经济发展经验表明，注重供给质量和效率、注重产业体系协同、激发市场主体活力、政府和市场各司其职，是确保经济体系高效运转的关键所在。同时也要看到，有一些国家深陷"中等收入陷阱"，一些发达国家在工业化进程中搞殖民主义、先污染后治理，一些国家过早地结束工业化进程等，其背后的教训值得我们吸取和注意。

一、国际经验

（一）注重供给质量和效率

20世纪70年代开始，美国经济增长停滞，失业及通货膨胀持续高涨。传统刺激需求的政策在应对这种现象时难以奏效。里根政府转变思路，在兼顾需求侧管理的同时重点从供给端发力，注重提升供给质量和效率，这场改革可以看作是美国立足本国实际，努力提升供给质量和效率的实践。具体措施包括：降低税率；减少政府对市场的干预，理顺市场机制，稳定市场预期；放宽铁路运输、公路运输、天然气、金融、有线电视等行业准入限制；加大研发公共投入等。这是20世纪80年代起美国出现经济繁荣的重要原因。

（二）注重产业体系的协同

德国发展制造业、注重产业体系协同的相关经验值得借鉴。科技创新与实体经济协同方面，早在1996年，德国研发投入占GDP的比重就已经突破2%。同期德国每百万人中的研究人员数量约为2700人，2014年该数字上升到4381人（美国1996年、2014年该数值分别为3100人、4018人）。现代金融与实体经济协同方面，德国的金融体系以扶持制造业发展为中心，以严格有序的金融监管为特点，直接融资和间接融资比重合理，直接融资的比例在60%—75%之间，有效地促进了实体经济的发展。人力资源与实体经济协同方面，德国的《职业技术培训法》规定青年人必须参加技术培训，企业有义务为青年工人提供技术培训岗位，通过学校和企业的密切合作，德国能够培养出大批高素质的产业技术工人，从而保障了德国制造业在全球始终保持较强的竞争力。

（三）激发市场主体的活力

美国在激发企业活力和个人积极性方面有不少好的做法和经验。第一，以完备的法律体系鼓励小企业有序竞争。早在1953年，美国国会就通过了《小企业法》和《小企业融资法》，之后又相继颁布了《公平竞争法》等一系列法律，从而为鼓励小企业参与市场竞争奠定了坚实的法律基础。第二，以完善的社会服务体系方便市场主体办理经营事务。其内容涵盖资金服务体系、技术服务体系、信息服务体系、人力资源和管理培训及咨询服务体系、市场拓展服务体系等各个方面。第三，以针对性强的优惠政策促进青年创业创新。早在1985年美国就成立了全美商业孵化器协会，为青年创业者提供了办公设备和空间；为高校研究人员创业提供精准服务，包括协助进行市场调研、创业企划书咨询、筹集风险投资、提供法律咨询等。

（四）市场和政府各司其职

纵观西方国家的经济发展实践，并不是如西方舆论长期宣扬的"政府绝对不干预市场"。相反，在充分发挥市场机制作用的基础上，政府着力做好监管，在市场经济中发挥着越来越重要的作用。例如，欧美国家从19世纪70年代开始重视事中事后监管，这在反垄断、反不正当竞争等法律中有充分体现。2008年国际金融危机之后，美国出台了严厉的金融监管改革法案。发挥市场机制作用，就必须使产权和知识产权得到有效保护和激励，英美等国都有较为完备的产权和知识产权保护法律，对激励企业创新、促进优胜劣汰发挥了重要作用。总结起来，政府的宏观调控机制和市场调节机制力求达到密切配合和相互促进、相互补充的效果，市场才能活而不乱。

二、典型教训

（一）拉美等国家落入"中等收入陷阱"的教训

"中等收入陷阱"指的是当一个国家迈过中等收入门槛后，由于不能顺利实现经济发展方式的转变，导致新的增长动力不足，最终出现经济停滞徘徊的一种状态。纵观拉美一些国家的发展历史，之所以落入"中等收入陷阱"并长期徘徊，主要有以下两个方面的教训。

一方面，缺少对本土工业转型升级的有效激励，错失动力转换的良机。例如，从 20 世纪 30 年代开始，拉美国家习惯于通过限制外国工业品进口的方法保护本国工业，这种策略在短期是有利的，但从长期看，反而让本土产业失去了竞争的激励。拉美国家这一政策延续了半个世纪，使产业链与世界工业脱节，多次错失振兴本土产业的有利时机。反观日本、韩国等国家，抓住战后复兴的良好时机，培育了钢铁、电子信息等国内支柱产业。即便是今天，这些产业在世界上都有一席之地。

另一方面，产业结构失衡也是相关国家落入"中等收入陷阱"的重要诱因。巴西、阿根廷、墨西哥纷纷发展资本密集型的钢铁、造船等重化工业，然而他们发展的这些产业在当时并没有技术

《拉美为何落入"中等收入陷阱"》

上的优势。相反，本国具有优势的劳动密集型产业的发展却被忽略，最终的结果是轻重工业比例失衡。此外，金融体系脆弱、风险丛生，一些国家过早过度放开资本管制，发生金融危机时，外资大规模撤离致使金融秩序混乱，金融风险扩散至实体经济，对这些国家陷入危机起到了推波助澜的作用。

（二）其他一些典型的教训

在世界各国经济发展过程中，还发生过一些失误和教训，如殖民主义、先污染后治理、两极分化、去工业化等，给生产力发展带来严重负面影响。这也时刻警醒着我们，建设现代化经济体系必须遵循规律，顺势而为。第一，殖民主义的教训。英国历史上曾将殖民主义做到极致，其殖民地遍布全球、号称"日不落帝国"。英国将其殖民地作为原材料、劳动力供给地或制成品倾销地，使得殖民地产业结构单一化、低级化畸形发展，同时刻意强化民族矛盾和宗教对立，对被殖民地区特别是非洲、南亚等日后经济、社会、政治的发展留下不稳定性的隐患。第二，先污染后治理的教训。发达国家在早期工业化发展过程中，由于对生态环境的轻视，酿成了巨大的灾祸。例如：伦敦曾经是世界闻名的"雾都"；1930 年比利时爆发了骇人听闻的马斯河谷烟雾事件。第三，两极分化的教训。很多国家在工业化进程中，没有遵循协调发展的理念，导致国内两极分化严重。印度、巴西、墨西哥等国的大城市中，普遍存在两极分化现象，贫民窟问题突出。第四，去工业化的教训。这一点无论是在发达国家还是在发展中国家都曾发生过。这种以过早、过度转移低端产业为主要特点的结构调整，导致了相关国家产业竞争力下降，使得经济抗风险能力下降。

❧ 本章小结 ❧

　　建设现代化经济体系是我们党根据新时代的历史方位、社会主要矛盾变化和发展目标作出的战略部署。本章重点阐述建设现代化经济体系的背景和意义，分析面临的机遇和挑战，对这一体系的内涵和愿景进行解读，强调习近平新时代中国特色社会主义思想是建设现代化经济体系必须坚持的指导思想。同时，借鉴国际经验和吸取一些国家落入"中等收入陷阱"等教训，为建设现代化经济体系提供实证方面的参考。把握建设现代化经济体系的科学内涵和实践要求，对于推动我国经济高质量发展，顺利跨越转变发展方式、优化经济结构、转换增长动力关口，谱写社会主义现代化壮丽新篇章具有重要意义。

【思考题】

　　1.分析我国加快建设现代化经济体系的原因和重大意义。

　　2.建设现代化经济体系的过程中存在哪些挑战？请分析产生这些挑战的主要原因。

　　3.论述现代化经济体系的内涵。

　　4.建设现代化经济体系必须坚持哪些基本原则？

　　5.阐述建设现代化经济体系的相关国际经验和教训。

第二章
深化供给侧结构性改革

　　深化供给侧结构性改革是建设现代化经济体系的首要任务和逻辑主线。近年来，我国经济发展面临的国际国内环境发生重大变化，针对新阶段出现的新情况、新问题、新趋势，习近平总书记从实践出发，运用马克思主义政治经济学理论，提出了关于供给侧结构性改革的重大理论创新，形成了一系列重要论述，构建了完整的理论体系。习近平总书记2018年12月19日在中央经济工作会议上再次强调指出，必须坚持以供给侧结构性改革为主线不动摇，更多采取改革的办法，更多运用市场化、法治化手段，在"巩固、增强、提升、畅通"八个字上下功夫。

第一节　供给侧结构性改革是建设现代化经济体系的主线

2015 年 11 月，在中央财经领导小组第十一次会议上，习近平总书记首次提出供给侧结构性改革，之后不断丰富和充实其科学内涵。深入推进供给侧结构性改革，具有重要的理论创新意义、现实指导意义和国际范式意义。

一、供给侧结构性改革的基本内涵

习近平总书记明确指出，供给侧结构性改革，最终目的是满足需求，主攻方向是提高供给体系质量和效率，根本途径是深化

图 2-1　供给侧结构性改革分析框架示意图

资料来源：国家发展改革委宏观经济研究院制作。

改革。供给侧结构性改革，就是用改革的办法推进供给结构调整，更好地满足需求，促进经济社会持续健康发展。其中，"供给侧"包括生产要素、企业和产业三个逐次递进的层次，构成经济增长的供给体系；"结构性"是指生产要素、企业和产业配置的比例和方式，不同的组合决定了经济增长的质量和效率；"改革"是指通过完善制度建设来调整生产关系，改变生产要素、企业和产业的重大比例关系，既包括数量关系调整，也包括质量提升。

二、深入推进供给侧结构性改革的重要意义

（一）这是创新和发展中国特色社会主义政治经济学的重大成果

供给侧结构性改革是一个系统的理论创新，是马克思主义中国化、中国特色社会主义政治经济学的重大创新和发展，是习近平新时代中国特色社会主义经济思想的一个重要内涵。首先，这个理论丰富了供给和需求的科学内涵，既不离开需求谈供给，也不离开供给谈需求，强调只有将供给和需求联系起来考虑，才能作出有意义的判断。同时，明确区分有效供给和无效供给，提出供给侧结构性改革要减少无效供给，扩大有效供给，提高供给结构对需求结构的适应性。其次，这个理论创造性地提出并构建了用以指导改革发展实践的理论体系，既分析了供给侧结构性改革要回答的"为何改、改什么、怎么改"等重大改革问题，又在体系中贯穿了改革要遵循的理论逻辑和主线。在分析解决当前和今后一段时期供需失衡矛盾时，既强调供给侧结构性矛盾是主要矛盾，又强调供给要以满足人民群众日益增长的美好生活需要为目的和归宿。最后，政策主张强

调以供给侧管理为主，推动供给与需求良性循环，注重总量性宏观政策与产业政策、微观政策、改革政策和社会政策协调配套。所有这些，既区别于以凯恩斯主义为代表的需求决定论，又区别于以萨伊定律为核心的供给经济学，也区别于里根和撒切尔主义的供给管理，还区别于罗丹和刘易斯的结构主义政策，具有鲜明的创造性。

（二）这是新时代促进经济平稳健康发展的重大创新和根本举措

经过改革开放 40 年的快速发展，我国已从低收入阶段跨入中等收入阶段，并正在向高收入阶段迈进，经济发展进入新常态。其显著特征是需求结构变化，特别是消费升级加快，迫切需要能够创造高质量产品的新发展动能，形成产品和服务的有效供给，来满足不断升级的消费需求。从供给侧看，由于人口红利、改革开放释放出来的制度红利边际效应递减，资源环境约束日益趋紧，原来靠增加要素投入数量支撑的规模速度型发展模式已经难以为继，迫切要求新的质量效益型发展模式来接续。供给侧结构性改革，就是要从供给侧发力，对症下药，以改革创新促进产品和服务质量提高，增强供给结构对需求结构的适应性，真正实现以人民为中心的发展。因此，深入推进供给侧结构性改革，是适应引领发展新常态，解决供需结构矛盾，促进经济平稳健康可持续发展的必然选择，是未来相当长时期经济发展的大政方针和工作主线。深入推进供给侧结构性改革的核心要义在于，以改革促进体制机制创新，提高微观主体活力和资源配置效率，以制度创新促进科技创新，进而提高产品和服务供给的质量效率，这是实现经济平稳健康发展的根本途径。

（三）为世界经济走出发展困境提供了中国方案和范式

2008 年爆发的国际金融危机，使得一些国家和地区陷入通缩泥潭。针对此形势，欧、美、日等发达经济体，均采取了力度很大的刺激需求措施。然而由于供需结构出现新变化，曾经行之有效的单纯的需求管理、供给管理和结构主义政策没有使实体经济持续复苏，反而吹大了资产泡沫，留下巨大的风险隐患。这就需要探索新的思路，寻找新的解决方案。供给侧结构性改革，通过改革创新解决经济发展过程中带有中长期特征的结构性问题，提高资源配置效率、潜在增长率和可持续发展动能，既是解决全球经济

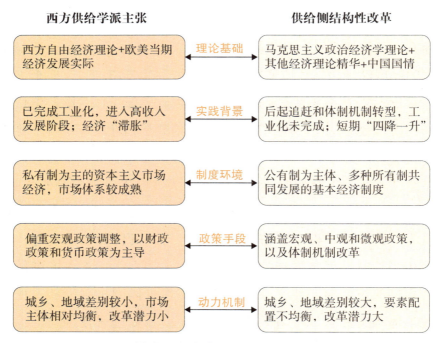

图 2-2　供给侧结构性改革与西方供给学派比较

资料来源：国家发展改革委宏观经济研究院制作。

发展深层次问题的治本良策，也是破解世界经济结构性矛盾的可用药方。以供给侧结构性改革为核心的中国方案和范式，已逐渐被世界主要经济体认同和接受。二十国集团（G20）杭州峰会将"结构性改革"列入全球经济治理的行动指南，体现了对中国方案和范式的响应。深入推进供给侧结构性改革，既是中国经济进入新常态之后的内在要求和必然选择，也对适应引领世界经济发展新趋势具有导向性意义。

第二节　我国供给侧结构性改革的成效和难点

近年来，针对钢铁煤炭等传统行业产能过剩、杠杆率高、部分城市房地产库存高企、实体经济企业成本高、部分领域短板凸显等供给侧存在的突出问题，中央抓主要矛盾、抓重点环节，提纲挈领实施"三去一降一补"重点任务，有效改善了市场供求关系，带动整体宏观经济运行持续向好，取得了显著成效。

一、供给侧结构性改革的主要成效

在党中央坚强领导下，我国发挥制度优势，坚持以供给侧结构性改革为主线，着力培育壮大新动能，紧紧依靠改革破解经济发展和结构失衡难题，一系列举措取得初步成效，经济结构加快优化升级，供给体系质量和效率不断提高。

（一）"三去一降一补"取得积极进展

在淘汰水泥、平板玻璃等落后产能基础上，以钢铁、煤炭等行业为重点加大去产能力度，中央财政安排专项奖补资金予以支持，用于分流职工安置。钢铁、煤炭"十三五"去产能目标基本完成，一大批"散乱污"企业出清。因城施策分类指导，三四线城市商品住宅去库存取得明显成效，热点城市房价涨势得到控制。积极稳妥去杠杆，控制债务规模，增加股权融资，工业企业资产负债率持续下降，宏观杠杆率涨幅明显收窄、总体趋于稳定。多措并举降成本，压减政府性基金项目30%，削减中央政府层面设立的涉企收费项目60%以上，阶段性降低"五险一金"缴费比例，推动降低用能、物流、电信等成本，2016年、2017年降成本规模均超过1万亿元，2018年降低企业成本约1.3万亿元。聚焦脱贫攻坚、公共服务、创新能力、技术改造等领域加大补短板力度，经济社会发展突出短板加快补齐，保民生增后劲等多重效应初步显现。

（二）新旧动能加快接续转换

深入推进"互联网＋"行动，推动移动互联网、大数据、云计算、物联网广泛应用，新兴产业蓬勃发展，传统产业深刻重塑。大力推进制造强国建设，推进工业强基、智能制造、绿色制造等重大工程，先进制造业加快发展。出台现代服务业改革发展举措，服务新业态新模式异军突起，促进了各行业融合升级。深化农业供给侧结构性改革，新型经营主体大批涌现，党的十八大以来，种植业适度规模经营比重提升到40%以上。采取措施增加中低收入者收入，推动传统消费提档升级、新兴消费快速兴起，网上零售额年均增长 30% 左右。优化投资结构，鼓励民间投资，发挥政府投资撬动作用，引导更多资金投向补短板、强基础、增后劲、惠民生领域。高速铁路运营里程已达 2.5 万公里、占世界三分之二，高速公路里程达到 13.6 万公里，开工一大批重大水利工程，完成新一轮农村电网改造，建成全球最大的移动宽带网。新动能迅速发展壮大，经济增长实现由主要依靠投资、出口拉动转向依靠消费、投资、出口协同拉动，由主要依靠第二产业带动转向依靠三次产业共同带动。这是我们多年想实现而没有实现的重大结构性变革。

（三）制度性交易成本不断降低

针对长期存在的重审批、轻监管、弱服务问题，国家持续深化"放管服"改革，加快转变政府职能，减少微观管理和直接干预，注重加强宏观调控、市场监管和公共服务。2013—2017 年，国务院部门行政审批事项削减 44%，非行政许可审批彻底终结，中央政府层面核准的企业投资项目减少 90%，行政审批中介服务事项压减 74%，职业资格许可和认定大幅减少。中央政府定价项目缩减 80%，地方政府定价项目缩减 50% 以上。全面改革工商登记、注册资本等商事制度，企业开办时间缩短三分之一以上。创新和加强事中事后监管，实行"双随机、一公开"，随机抽取检查人员和检查对象、及时公开查处结果，提高了监管效能和公正性。推行"互联网+政务服务"，实施一站式服务等举措。营商环境持续改善，市场活力明显增强，群众办事更加便利。

图 2-3　我国规模以上工业企业收入和利润增速变化情况

资料来源：国家统计局网站。

二、深化供给侧结构性改革的难点和重点

尽管阶段性成效显著，但必须清醒认识到，更艰巨的任务还在后面。特别是去产能应更加注重运用市场化、法治化手段，去库存的政策应更加精准，去杠杆尚要下大气力，降成本很多体制机制性障碍尚未消除，补短板需要进一步聚焦，思想认识上也需要进一步提升。这些难点重点问题是绕不过、躲不开的，需要在改革中加以解决。

（一）如何为改革创造稳定的宏观环境

保证供给侧结构性改革顺利推进，必须处理好"改"和"稳"的关系，解决好改革中出现的新问题。在当前经济下行压力仍然较大，一些实体企业生产经营仍然困难的形势下，继续推进去产能、减少无效供给，不可避免地会有一些产能退出、企业关闭，可能会造成一定时期内一些地方经济增速放缓，地方财政收入增速降低，公共服务刚性支出压力增大；产能降低后，产品价格大幅波动，会带来深化去产能的阻力；"僵尸企业"退出，会加大职工安置、债务处置、债权债务清理等方面的困难，导致一些潜在风险显性化。解决好这些回避不了的难点问题，需要在促改革、调结构、防风险之间找到合理平衡。

（二）如何形成有效的市场运行机制

推进供给侧结构性改革，关键是发挥好政府和市场两只手的作用。考虑到不同地区、不同领域具体情况差异很大，虽然有的地方和领域行政手段多一些，有的地方和领域市场作用大一些，但从供给侧结构性改革的内在要求看，都应当充分考虑运用市场化、法治化手段，发挥好市场在资源配置中的决定性作用。要使政府职能真正转到履行好宏观调控、市场监管、公共服务、社会管理、保护环境等基本职责上来，特别是要强化技术、质量、能耗、环保、安全等标准约束，以市场化方式引导企业准入、退出和兼并重组等。这些都是要解决的现实难点和重点问题。

（三）如何顺利实现新旧动能的转换

供给侧结构性改革要去除无效供给，增加有效供给，实质上反映的是经济增长新旧动能转换的问题，实践中也面临一些新情况新困难。首先，调整存量、减少无效供给的难度比较大，制约传统动能调整改造提升。特别是去产能需要安置的人员数量多、需要处置的债务规模大，关系到就业、债务、税收等现实利益，去除无效供给的动力不足。其次，新动能成长壮大还缺乏健全的制度和市场环境。由于对新科技革命和产业变革的认识不足、准备不到位，尚未摆脱跟随发展、模仿创新的路径依赖。政府服务水平、监管模式滞后于创新实践，用老办法管理新事物的问题依然存在。有的地方仍然存在地方保护行为，在新兴经济领域设置不合理的准入障碍。支持创新的金融体系不健全，创业创新企业的资金需求难以得到有效满足。

（四）如何公平合理分担改革成本

供给侧结构性改革既需要付出成本代价，也涉及利益格局调整。能否处理好二者关系，直接决定了改革的方向、进程和成效。从分担改革成本看，以去产能为例，淘汰落后产能所需要的成本，是由中央和地方政府补贴，还是由政府和行业内保留的企业共同分担，是一个值得深入研究和有待破解的难题。从重构利益格局看，以降成本为例，政府能否真正向企业让利，金融类企业能否真正向工商类企业让利，垄断性企业能否真正向竞争性企业让利，涉及利益格局的深刻调整，是深入推进供给侧结构性改革不得不触碰和寻找解决答案的难点重点。

第三节　深化供给侧结构性改革的主要任务举措

党的十九大报告

党的十九大报告指出，"建设现代化经济体系，必须把发展经济的着力点放在实体经济上，把提高供给体系质量作为主攻方向，显著增强我国经济质量优势"。这为深化供给侧结构性改革指出了总体思路和主攻方向。

一、深化供给侧结构性改革的总体思路

（一）最终目的是满足需求

供给和需求是市场经济内在关系的两个基本方面，供给决定着需求的对象、方式、结构和水平，是满足需求的前提和基础；而需求又反过来引导供给、为供给创造动力，没有需求，供给就无从实现。供给侧结构性改革的目的非常明确，就是要以满足各类不断升级的需求为目的，扩大有效供给，更好满足人民群众的需要。

（二）根本途径是深化改革

马克思主义政治经济学认为，生产关系适应生产力的发展，就能够推动生产力不断前进，否则就会阻碍生产力的进步。马克思强调社会再生产是生产关系的再生产，需要破除旧的生产关系。国内外大量的发展经验也充分证明，制度创新是提高供给水平和能力的关键。习近平总书记明确指出，供给侧结构性改革，重点是解放和发展社会生产力。要切实破除抑制供给结构升级的体制机制障碍，充分调动广大人民群众的积极性和创造性，增强微观主体内生动力，不断推动产业结构升级。

（三）要正确处理"四个关系"

第一是处理好政府与市场的关系。既要遵循市场规律、善用市场机制解决问题，使市场在资源配置中起决定性作用；又要更好地发挥政府作用，在尊重市场规律基础上，用改革激发市场活力，用政策引导市场预期，用法治规范市场行为。第二是处理好短期和长期的关系。要着力解决当前突出矛盾和问题，降低经济运行风险，

保持经济增长稳定。同时，要着力构建长效体制机制，重塑中长期经济可持续增长的动力机制。既要在战略上坚持持久战，又要在战术上打好歼灭战。第三是处理好减法和加法的关系。要做好减法，减少低端供给和无效供给，深化去产能、去库存、去杠杆，为经济发展留出新空间。同时要做好加法，把补短板作为当前供给侧结构性改革的重点任务，加大基础设施领域补短板的力度，扩大有效供给和中高端供给，加快发展新技术、新产品、新产业，为经济增长培育新动力。第四是把握好供给和需求的辩证关系。要适应科技新变化、人民新需要，加快形成优质高效多样化的供给体系，提供更多优质产品和服务，以需求升级引领供给体系和结构的变化，以供给变革不断催生新的需求，形成供给创新与需求升级互促共进的格局，推动供求在更高水平上实现均衡，畅通经济循环。

二、深化供给侧结构性改革的主攻方向

深化供给侧结构性改革既要减少无效和低端供给，优化存量资源配置；又要扩大优质增量供给，实现更高水平的供需动态平衡。

（一）全面提高产品和服务质量是提高供给体系质量的中心任务

党的十九大报告要求，把提高供给体系质量作为主攻方向，显著增强我国经济质量优势。落实这一要求，就要树立质量第一的强烈意识，在农产品、工业制成品、工程建设、服务业等领域提高标准，加强全面质量管理，强化知识产权保护和管理，提升竞争质量，提高劳动生产率，引导企业突出主业，发扬工匠精神，加强品

牌建设，培育更多"百年老店"，增强核心竞争力。

（二）加快新旧动能转换，全面提升实体经济特别是制造业水平

这是提高供给体系质量的主战场。要加快发展先进制造业，推动互联网、大数据、人工智能和实体经济深度融合，在中高端消费、创新引领、绿色低碳、共享经济、现代供应链、人力资本服务等领域培育新增长点，形成新动能。要支持传统产业优化升级，加快发展现代服务业，瞄准国际标准提高水平。加大投入支持传统产业技术改造，集中力量突破一批关键共性技术和基础零部件、工艺和材料。要促进我国产业迈向全球价值链中高端，培育若干世界级先进制造业集群。

（三）强化基础体系支撑，加强基础设施网络建设

水利、铁路、公路、水运、航空、管道、电网、信息、物流等基础设施网络具有公共物品和公共服务属性，是供给体系的重要组成部分，也是提高供给体系质量的基础条件。重点是要加快提高基础设施现代化水平，着力形成基础设施平衡发展格局，全面提升基础设施互联互通水平，进一步发挥基础设施对国民经济发展的重要支撑作用，更好地满足经济发展和人民群众的需要。

（四）发挥人力资本作用，更加注重调动和保护人的积极性

人是生产力中最能动的因素。提高供给体系质量，两类人最为关键：一类是富于创新和敢闯敢为的科技创新人才和企业家，另一类是工匠和劳模。党的十九大报告一方面强调，要培养造就一大批

具有国际水平的战略科技人才、科技领军人才、青年科技人才和高水平创新团队，激发和保护企业家精神，鼓励更多社会主体投身创新创业；另一方面也强调，要建设知识型、技能型、创新型劳动者大军，弘扬劳模精神和工匠精神，营造劳动光荣的社会风尚和精益求精的敬业风气。这两方面是提高供给体系中人力资本效率的重要保障。

三、按照"巩固、增强、提升、畅通"的八字方针深化供给侧结构性改革

当前我国正在新的历史起点上，开启建设社会主义现代化强国的新征程，坚持以供给侧结构性改革为主线，重点要在"破""立""降"上下功夫，巩固"三去一降一补"成果，增强微观主体活力，提升产业链水平，畅通经济循环，推动中国经济的巨轮行稳致远，为世界经济发展不断注入新的更强动力。

[专　栏]

"巩固、增强、提升、畅通"八字方针

习近平总书记在 2018 年 12 月中央经济工作会议上的重要讲话强调，我国经济运行主要矛盾仍然是供给侧结构性的，必须坚持以供给侧结构性改革为主线不动摇，更多采取改革的办法，更多运用市场化、法治

化手段，在"巩固、增强、提升、畅通"八个字上下功夫。

要巩固"三去一降一补"成果，推动更多产能过剩行业加快出清，降低全社会各类营商成本，加大基础设施等领域补短板力度。

要增强微观主体活力，发挥企业和企业家主观能动性，建立公平开放透明的市场规则和法治化营商环境，促进正向激励和优胜劣汰，发展更多优质企业。

要提升产业链水平，注重利用技术创新和规模效应形成新的竞争优势，培育和发展新的产业集群。

要畅通国民经济循环，加快建设统一开放、竞争有序的现代市场体系，提高金融体系服务实体经济能力，形成国内市场和生产主体、经济增长和就业扩大、金融和实体经济良性循环。

——《人民日报》2018年12月22日，第1版

（一）破除无效供给，处置"僵尸企业"

要大力破除无效供给，为有效供给的增加腾出空间，促进实现供需的新平衡，激发出经济发展的新活力。要把处置"僵尸企业"作为重要抓手，推动化解过剩产能。去产能要坚持分类施策、多措并举、标本兼治、综合运用市场化法治化手段，加强政策协调配合，依法依规引导企业化解过剩产能、淘汰落后产能，探索建立市场出清长效机制，从总量性去产能转向以系统性去产能、结构性优

产能为主，从以退为主转向进退并重，促进产能利用率保持在合理区间。去库存，要推动住房制度改革和长效机制建设，加快消化玉米、稻谷库存。去杠杆，要综合运用破产重整等方式，加快推动"僵尸企业"出清，创新市场化债转股交易模式。

（二）推动转型升级，促进供给优化

供给侧的结构性矛盾不只会导致制造业"缺芯少魂"，也会让我国经济缺少强劲的增长动力。要在全球经济竞争中立于不败之地，就要在"立"上下功夫。2017 年年底召开的中央经济工作会议强调，大力培育新动能，强化科技创新，推动传统产业优化升级，培育一批具有创新能力的排头兵企业，积极推进军民融合深度发展。为此，要着力推动解决要素配置扭曲问题，优化存量资源配置，扩大优质增量供给，实现供需动态平衡。推动实体经济特别是制造业转型升级、提质增效。深入开展增强制造业核心竞争力专项行动，推动机器人、新材料、高端装备、智能制造等领域关键技术产业化。开展服务业质量提升、服务业标准化发展专项行动，瞄准国际标准提高水平。积极发展智能交通，构建现代综合交通运输体系。同时，加快培育形成新动能主体力量。实施促进大数据发展行动，实施"互联网＋"、数字经济试点、人工智能创新发展工程，引导共享经济健康发展。探索共享经济等新模式与工业制造、农业生产深度融合，促进传统行业产能优化配置。深入推进农业供给侧结构性改革，促进农村一二三产业融合发展，推动乡村旅游等新兴业态发展。

（三）降低企业负担，补齐短板增进民生福祉

2017 年年底召开的中央经济工作会议强调，大力降低实体经

济成本，降低制度性交易成本，继续清理涉企收费，加大对乱收费的查处和整治力度，深化电力、石油天然气、铁路等行业改革，降低用能、物流成本。在打好防范化解重大风险、精准脱贫、污染防治的攻坚战方面取得扎实进展，引导和稳定预期，加强和改善民生，促进经济社会持续健康发展。降成本，要不折不扣落实已出台的各项减税降费措施，加大力度治理"红顶中介"和行业协会乱收费问题，实行经营服务性收费目录清单动态调整，推进物流降本增效。加快政务信息共享，利用大数据开展事中事后监管，着力降低制度性交易成本。补短板，要遵循发展客观规律，从各地实际条件出发，精准有效改善供给质量。要围绕人民日益增长的美好生活需要，着力补齐基础设施、公共服务等领域供给短板，加强重大基础设施建设，持续推进教育、健康、文化旅游、公共体育、社会服务五大公共服务工程，发展社会领域产业，提高就业质量和人民收入水平，保障和改善民生。

［案　例］

济南钢铁集团实施产能调整实现转型发展

在供给侧结构性改革背景下，钢铁行业去产能成为重要任务。济南钢铁集团作为地处济南市城区的大型钢铁企业，面临市场需求和资源要素多重挑战。为此，济钢牢固树立"去产能不是'去企业'，加速新旧动能转换是关键"的理念，多措并举成功推进了产能调整。

主要举措包括：一是底线思维，稳妥推进，确保安全平稳停产，确保职工稳妥安置，确保企业大局稳定。二是政治保障，压实责任，坚持严格包车间、包班组的"包保机制"，干部率先垂范；严格承诺践诺，党员亮明身份；严格执行纪律，坚持"六查三严"。三是以人为本，用心用情，做到真心服务职工，做好教育引导；真心尊重职工，反复完善方案；真心关爱职工，坚持用心用情。四是转型发展，涅槃重生，加快新旧动能转换，加快突破"多元主打"战略。

2017年6月29日至7月31日，短短33天时间，济钢安全关停650万吨产能、平稳分流近2万名职工，创造了国内钢铁行业关停规模最大、安置人数最多、安置期最短纪录。一系列攻坚努力为企业发展赢得新转机。2018年1—8月份，济钢完成营业收入91.34亿元，实现考核利润总额1.56亿元。企业发展实现转身，逐步迈上更高发展平台。

——山东省发展改革委提供

本章小结

供给侧结构性改革理论，坚持从中国国情和现实发展阶段出发，既继承和发展了马克思主义政治经济学理论，又充分借鉴了西方经济学的有益成分，谱写了马克思主义中国化、中国特色社会主义政治经济学的新篇章。全面落实党的十九大提出的深化供给侧结构性改革任务，关键是要深化改革，创新和完善有序竞争的市场环境，提高全要素生产率，提高整个供给体系质量，使我国社会生产力跃升到更高水平。

【名词解释】

1. **萨伊定律**：19 世纪法国经济学家萨伊提出，"供给自动创造需求"，"一种产品一经产出，从那时候起就给价值与它相等的其他产品开辟了销路"，也即"生产给产品创造需求"。其政策主张的核心是市场自由主义，反对政府干预。

2. **供给管理**：20 世纪 70 年代，欧美国家经济发展出现低增长、高通胀、高失业并存的"滞胀"局面，以需求管理为主导的凯恩斯经济学束手无策，供给经济学应运而生并盛行一时。供给经济学家认为，供给问题是当期经济发展的核心问题，主张通过减税和紧缩银根的二元政策结束"滞胀"。美国以里根经济学为代表、英国以撒切尔主义为代表，实践了供给管理政策。

3. **结构主义政策**：结构主义发展理论兴起于 20 世纪五六十年代，以经济学家保罗·罗森斯坦·罗丹、威廉·阿瑟·刘易斯和劳尔·普雷维什为代表。主要从结构变革角度分析发展中国家经济不发达的原因和如何向发达国家转化，核心问题是不发达经济体利用什么样的经济机制，使国内经济结构从仅能维持生存的传统农业为主，转变为现代化、城市化、多样化的制造业和服务业并重。

【思考题】

1. 试述供给侧结构性改革的基本内涵与逻辑思路。

2. 比较分析供给侧结构性改革与西方供给学派主张的异同。

3. 分析当前我国供给侧结构性矛盾的主要表现及成因。

4. 分析当前我国供给侧结构性改革的主要任务和政策思路。

第三章

建设创新引领、协同发展的产业体系

习近平总书记在党的十九大报告中指出，要着力加快建设实体经济、科技创新、现代金融、人力资源协同发展的产业体系；在主持召开中央政治局第三次集体学习时强调，要建设创新引领、协同发展的产业体系。这是在中国特色社会主义进入新时代背景下，党中央着眼于建设现代化经济体系这个战略目标，针对我国产业发展内外环境和条件变化、产业发展亟待解决的突出矛盾，提出的重大战略性举措。

第一节 创新引领、协同发展的产业体系是现代化经济体系的重要内容

构建创新引领、协同发展的产业体系是建设现代化经济体系的重要内容，既是一个重大理论命题，更是一个重大实践课题，必

须以实体经济、科技创新、现代金融、人力资源协同发展作为核心内容，推动各类要素资源向实体经济汇聚发力，形成整体发展效应。

一、创新引领、协同发展的产业体系的基本内涵

产业体系一般被用来表述国民经济三次产业的构成情况，现代产业体系是指现代化元素比较显著的产业构成，主要发达国家服务业通常占经济总量 70% 以上。在我国，2007 年党的十七大首次提出，发展现代产业体系，大力推进信息化与工业化融合，促进工业由大变强，振兴装备制造业，提升高新技术产业，发展现代服务业，加强基础产业和基础设施建设，加快发展现代能源产业和综合运输体系；2008 年中共中央政治局第五次集体学习时指出，调整优化产业结构，立足自身优势和现有基础，瞄准国际产业链高端，积极发展先进装备制造业，支持传统产业改造升级，推进信息化与工业化融合，加快发展服务业，努力构建现代产业体系；2012 年中央经济工作会议强调，改造提升传统制造业，培育发展战略性新兴产业，加快发展服务业，加强新能源和可再生能源、综合运输体系、城乡公共基础设施建设，构建现代产业发展新体系；2016 年《中华人民共和国国民经济和社会发展第十三个五年规划纲要》提出，围绕结构深度调整、振兴实体经济，推进供给侧结构性改革，培育壮大新兴产业，改造提升传统产业，加快构建创新能力强、品质服务优、协作紧密、环境友好的现代产业新体系。不难看出，我们对现代产业体系的认识和理解有一个不断深化的过程，但基本都是从三次产业构成来描述什么是现

代产业体系和怎样建设现代产业体系。

党的十九大针对当前我国实体经济发展的重大失衡问题，突破传统的三次产业划分，从生产要素投入的角度，提出建设实体经济、科技创新、现代金融、人力资源协同发展的产业体系，是一项重大创新。建设创新引领、协同发展的产业体系，本质上就是把发展经济的着力点放在实体经济上，把创新作为第一动力，通过技术、资本、劳动三大生产要素同实体经济发展紧密结合，着力提高要素质量、优化要素结构、实现要素合理配置，使科技创新在实体经济发展中的贡献份额不断提高，现代金融服务实体经济的能力不断增强，人力资源支撑实体经济发展的作用不断优化，从而推动经济发展质量变革、效率变革、动力变革，提高全要素生产率和科技进步贡献率，不断增强我国经济创新力和竞争力。从具体看，技术、劳动在企业组织规模的框架下发挥作用，资本则体现为技术构成与价值构成，马克思主义政治经济学称之为资本的有机构成。也就是说，产业体系的内涵与企业组织规模、资本有机构成是紧密联系在一起的。从层次逻辑看，产业体系处于顶端，中层表现为企业组织规模和资本有机构成，微观基础是技术、资本、劳动等生产要素。

二、建设创新引领、协同发展的产业体系的重要意义

（一）这是解决经济结构重大失衡的根本出路

当前我国经济面临实体经济结构性供需失衡、金融和实体经济失衡、房地产和实体经济失衡"三大失衡"问题。一方面，实体经济结构性失衡，供给体系产能十分强大，但生产的多是低附加值、低技术含量和劳动密集型产品，大多数只能满足中低端、

低质量、低价格的需求，低端供给过剩和高端供给不足的结构性矛盾仍然突出。另一方面，虚拟经济和实体经济失衡，在实体经济利润率较低的情况下，社会资本"脱实向虚"和企业"弃实投虚"有所加重，大量资金涌向金融属性较强的行业，导致实体产业空心化，不少企业热衷于"挣快钱""敛浮财"，耐心专注、精耕细作的工匠精神随之减退。必须通过建设创新引领、协同发展产业体系，把发展实体经济放在突出位置，从供给侧结构性改革上想办法、定政策，促进各类要素资源向实体经济汇聚发力，破除无效供给、创造适应新需求的有效供给，打通供求渠道，才能实现供求关系新的动态平衡。

（二）这是发挥创新第一动力、转变发展方式的必由之路

习近平总书记强调，改革是第一动力、发展是第一要务、人才是第一资源、科技是第一生产力。我国实体经济远未摆脱高投入、低产出的粗放发展模式，产业发展主要依靠增加人力、物力、财力等要素投入，创新资源在要素组合中的比重偏低，核心技术受制于人。从世界知识产权组织发布的《2018年全球创新指数报告》看，创新体制机制、商业模式创新、组织模式创新这三个重要指标的排名，我国分别排在第70、55、43位，明显落后于美国、日本、德国等国家。当前新一轮科技革命和产业变革蓄势待发，正在以前所未有的广度和深度改变着产业发展模式，科技创新对产业发展的引领作用空前强大。需要通过建设创新引领、协同发展的产业体系，紧紧抓住科技创新引领发展这个"牛鼻子"，瞄准世界科技前沿，强化基础研究，突出关键共性技术、前沿引领技术、颠覆性技术创新，建立以企业为主体、市场为导向、产学研深度融合的技术创新

体系，使科技创新对经济发展的贡献率不断提高。

（三）有利于加快推动制造业高质量发展

习近平总书记强调，振兴制造业特别是先进制造业，短期看这是实现经济良性循环的关键，长期看这是国家经济命脉。推动制造业高质量发展，是夯实工业化基础、建设制造强国、增强经济创新力和竞争力的必然要求，是决胜全面建成小康社会，开启全面建设社会主义现代化国家新征程的必然要求。必须通过建设创新引领、协同发展的产业体系，把增强科技创新能力作为主引擎，立足打造系统创新链，完善支持政策措施，形成激发企业创新活力的制度环境；把发展现代金融作为重要抓手，在坚决防范系统性风险的前提下，强化金融产品和服务创新，合理引导金融要素向制造业聚力、发力，增强金融服务实体经济能力、更好满足制造业融资需求；深入实施人才强国战略，建立健全科学合理的选人、用人、育人机制，打通职业发展上升通道，建设高层次制造业人才队伍。

（四）有利于实现军民融合发展

党的十九大报告明确提出，要形成军民融合深度发展格局，构建一体化的国家战略体系和能力。需要通过建设创新引领、协同发展的产业体系，深化国防科技工业改革，进一步打破行业封闭，构建小核心、大协作、专业化、开放型的军民融合武器装备科研生产体系，推动国防科技创新与国家创新驱动发展战略有机结合起来；健全协同创新体制机制，优化军民科技创新资源要素配置，提高军民协同创新能力，推进军民两用技术和科技成果双向转移转化；完善人才培养使用体系，更好发挥国民教育资源优势和军队院校特色优势，畅通军地人才交流渠道，实现军地教育资源和人才资源优化配置、高效使用；加强新兴产业领域统筹发展，聚合军地优势资源，以建设统筹、资源共享、联合攻关为途径，形成多维一体、协同推进、跨越发展的新兴领域军民融合深度发展格局。

[专　栏]

习近平总书记关于军民融合发展的重要论述

把军民融合发展上升为国家战略，是我们长期探索经济建设和国防建设协调发展规律的重大成果，是从国家发展和安全全局出发作出的重大决策，是应对复杂安全威胁、赢得国家战略优势的重大举措。要加强集中统一领导，贯彻落实总体国家安全观和新形势下军事战略方针，突出问题导向，强化顶层设计，加强需求统合，统筹增量存量，同步推进体制和机制改革、体系和要素融合、制度和标准建设，加快形成全要素、多领域、高效益的军民融合深度发展格局，逐步构建军民一体化的国家战略体系和能力。

——2017年6月20日习近平总书记在中央军民融合发展委员会第一次全体会议上的讲话

推动军民融合发展是一个系统工程，要善于运用系统科学、系统思维、系统方法研究解决问题，既要加强顶层设计又要坚持重点突破，既要抓好当前又要谋好长远，强化需求对接，强化改革创新，强化资源整合，向重点领域聚焦用力，以点带面推动整体水平提升，加快形成全要素、多领域、高效益的军民融合深度发展格局。

——《光明日报》2017年9月23日，第1版

第二节 我国产业体系的现状和主要问题

在中国共产党的领导下，经过几代人的艰苦努力，我国产业体系发展取得了长足进步，为建设现代化经济体系奠定了坚实的基础。但也要看到，我国实体经济发展不平衡不充分，科技创新、现代金融、人力资源对实体经济支撑作用仍然不强，建设创新引领、协同发展的产业体系仍任重道远。

一、我国产业体系发展现状

改革开放以来特别是党的十八大以来，我国产业发展取得了长足的进步，为国民经济持续快速发展作出了重要贡献。

（一）产业总体规模日益壮大

2017 年，我国制造业增加值达到 24.3 万亿元人民币，在规模上相当于 1978 年的 175 倍，占全球比重超过四分之一；在 500 余种主要工业品中，我国有 220 多种产量位居世界第一；2018 年，我国共有 120 家企业入选"财富世界 500 强"，其中以制造业为主营业务的企业 50 多家。经过多年发展，我国制造业已经形成了体系化的产业链和全球化的供应链，建成了一批规模化的产业基地和产业集群，培育了规模庞大的产业工人队伍，在国际产业分工中扮演着重要角色。

（二）产业转型升级成效显著

三次产业发展更趋均衡，一二三产业占国内生产总值比重分别由 1978 年的 28.2％、47.9％、23.9％调整为 2017 年的 7.9％、40.5％、51.6％。战略性新兴产业加快培育发展，制造业创新中心、工业强基、绿色制造、智能制造等重大工程稳步实施。生产型服务业向高效优质发展迈进，信息、物流、电子商务保持良好发展势头，"互联网＋"广泛融入实体经济。产业开放程度持续加深，全面融入全球产业分工体系，成为全球产业链供应链的重要环节，涌现出一批具有国际竞争力的创新型企业和新型研发机构，培育了一批具有全球影响力的制造基地和产业集群，成为全球重要的生产制造中心。2017 年，我国货物进出口总额为 27.8 万亿元，增长 14.2％。其中，国内产业链长、附加值高的一般贸易进出口增长 16.8％，所占比重达 56.4％。

（单位：万亿元）

图 3-1　2012—2017 年我国制造业增加值

资料来源：国家统计局网站。

（三）科技创新支撑能力不断提升

改革开放以来特别是党的十八大以来，国家大力实施创新驱动发展战略，重大科技成果竞相涌现，新兴产业蓬勃发展，全社会创新创业氛围持续优化，科技创新与产业发展实现了历史性、整体性、格局性重大变化。天宫、蛟龙、天眼、悟空、墨子、大飞机等重大科技成果相继问世，高速铁路、航空航天、水电装备、特高压输变电、杂交水稻、对地观测卫星、北斗导航、新能源汽车等重大科技成果产业化不断取得突破。国家创新体系建设取得实效，普惠性政策不断出台，创新创业深度融合，企业创新主体地位和主导作用显著增强，创新生态构建实现由点的突破向系统性提升转变，科技进步对经济增长的贡献率从 2012 年的 52.2% 提高到 2017 年的 57.5%，有力推动了产业转型升级。新技术、新产业、新业态、新模式蓬勃发展，互联网、大数据、人工智能不断推动传统产业改造升级，新动能对经济的支撑作用明显增强。2017 年高技术制造业增加值增长 13.4%，快于规模以上工业 6.8 个百分点，战略性新兴产业工业部分增加值增长 11%，高于规模以上工业 4.4 个百分点。企业创新主体地位日益强化，近十年来企业研发经费支出年均增速超过 10%，互联网、电子商务、新一代信息技术、人工智能、平板显示等新兴产业领域不断成长出创新型领军企业。

（四）产业发展的要素保障条件不断改善

金融服务实体经济能力不断增强，社会融资规模存量从 2011 年的 76.7 万亿元增加到 2017 年的 174.6 万亿元，金融产品日益丰富，金融服务普惠性增强，对重点领域和薄弱环节支持力度持续加大，2017 年年末小微企业贷款和涉农贷款余额均达到 31 万亿元，比上年分别增长 16.4% 和 9.6%；多层次资本市场体系不断健全。我国人才资源总量、素质结构、质量水平整体提升，2017 年我国新增劳动力平均受教育年限超 13.3 年，比 2013 年提升了 0.9 年，相当于大学一年级的平均水平；本专科毕业生 735.8 万人，比 2013 年增长 15.2%。人力资源开发水平的提升显著提高了劳动者素质特别是创新能力，促进劳动效率提升和技术进步。2017 年全员劳动生产率为 101231 元 / 人，比 2013 年的 78182 元 / 人增长 29.5%。人才资源结构不断优化，2017 年我国技能劳动者 1.65 亿人，其中高技能人才 4791 万人，占比 29%，比 2013 年提高近 4 个百分点，2017 年共吸引各类海外人才回国服务 4.3 万人次，为提升产业竞争力提供有力支撑。医药、航天等领域竞相涌现世界级高精尖人才团队，取得一系列具有全球影响力的重大突破。

（五）军民融合发展取得积极进展

军转民结构进一步优化，"民参军"规模继续扩大，军民科技协同创新取得新突破，载人航天、探月工程、高分专项、北斗导航、新一代运载火箭、大型飞机等国家科技重大专项和重大工程顺利实施。着眼打造军民融合发展龙头工程、精品工程，军民融合重大示范项目陆续实施。以制度创新为重点任务，以破解影响和制约军民融合发展的体制性障碍、结构性矛盾、政策性问题为主攻方向，国家军民融合创新示范区启动建设。国家军民融合发展产业投资引导基金设立，军民融合产业融资渠道进一步拓展。

二、我国产业体系存在的主要问题

（一）实体经济发展不平衡不充分

我国已经成为世界制造业大国，但还不是制造强国，在创新能力、产品质量、资源利用、产业结构、信息化水平等方面与制造强国存在较大差距。第一，自主创新能力不强。具有自主知识产权的产品少，核心技术对外依存度高，产业发展需要的高端装备、核心零部件和元器件、关键材料等很多依赖进口。例如，我国芯片80％依靠进口，2017年进口金额高达2300亿美元，是石油进口额的两倍。由于创新能力不强，我国在国际产业链分工中，尚处于技术含量和附加值较低的"加工—组装"环节，在附加值较高的研发、设计、工程承包、营销、售后服务等环节缺乏竞争力。亚洲开发银行研究表明，一部苹果手机批发价格中，日本、德国、韩国分别占有 34％、17％、13％的比例，而中国只占 3.6％，主要还是台资企业。第二，产品质量不高问题突出。产品质量和技术标准整体水平不高，2017 年国家监督抽查产品批次不合格率高达 8.5％。制造业每年直接质量损失超过 2000 亿元，间接损失超过万亿元，质量安全事件时有发生。我国制造业质量竞争力不强，缺乏世界知名品牌，已经严重影响了我国制造业的对外形象和市场竞争力。第三，资源利用效率偏低。一些地方和企业单纯依靠大规模要素投入获取增长速度，造成能源资源利用率偏低和环境污染严重。2017 年我国国内生产总值约占世界的 15％，但能源消耗占世界的 23.2％。同时，高投入、高消耗、高污染、低效益造成的资源大量开采、污染物大量排放的粗放发展方式加剧了对生态环境的破坏。第四，产业结构不尽合理。资源密集型产业比重过大，技术密集型产业和为用户提供服务的服务型制造业比重偏低，部分传统行业集中度相对偏低；空间布局和资源分布不协调，地区产业结构趋同，部分行业重复建设和产能过剩严重；具有较强国际竞争力的大企业偏少，能在细分领域掌握核心技术的"专精特"企业不多。

（二）科技创新对实体经济支撑作用仍然不强

我国科技创新取得巨大成就，但在支撑实体经济发展方面仍表现出不平衡不充分的问题，自主创新能力建设还存在一些短板。第一，科技创新政策与经济、产业政策统筹不够。科技政策与国家总体战略部署结合不紧密，对引导科技创新、扩大自主创新产品消费等系统性考虑不足。第二，科技创新引领企业发展的作用有待进一步加强。企业对基础研究和应用基础研究重视不够，有研发活动的规模以上工业企业占比不足 30%，大部分企业创新活力还没有得到充分激发。企业整体的国际影响力不强，能比肩全球创新型领军企业的数量与经济大国地位不相称，产业分工仍主要处于全球价值链中低端。第三，高校和科研院所科研产出没有完全适应国民经济发展需求。科研领域存在重论文发表、轻产业应用的倾向，不少科研成果脱离产业发展实际，科技成果转化率整体不高。第四，创新人才面临结构性紧缺的问题。在原始创新方面，世界级科技大师缺乏，关键核心技术存在受制于人的情况；在产业发展方面，领军人才、复合人才和尖子人才不足，工程技术人才培育同生产和创新实践"两张皮"，学科设置和人才培养与产业应用存在一定程度的脱节。

表 3-1 2018 年全球创新能力排名

排名	国家或地区	得分（0—100）
1	瑞　士	68.40
2	荷　兰	63.32
3	瑞　典	63.08
4	英　国	60.13
5	新加坡	59.83
6	美　国	59.81
7	芬　兰	59.63
8	丹　麦	58.39
9	德　国	58.03
10	爱尔兰	57.19
11	以色列	56.79

排名	国家或地区	得分（0—100）
12	韩　国	56.63
13	日　本	54.95
14	中国香港	54.62
15	卢森堡	54.53
16	法　国	54.36
17	中　国	53.06
18	加拿大	52.98
19	挪　威	52.63
20	澳大利亚	51.98

资料来源：《光明日报》2018 年 8 月 1 日，第 14 版。

（三）现代金融服务实体经济仍存不足

新旧动能转换和实体经济转型升级对现代金融提出了新的要求。第一，货币政策面临稳增长与结构性去杠杆的艰难平衡。我国宏观杠杆率尤其是企业部门杠杆率已处高位，去杠杆需要适当控制货币信贷增速，而实体经济实现高质量发展又需要货币信贷合理适度增长，如何把握好二者的平衡，给把握货币政策的力度和节奏带来挑战和压力。例如，现行金融机构经营考核的标准直接决定了金融机构在对中小企业与大型企业贷款融资方面必然存在偏好。一旦开始控制货币信贷规模，很可能存在实体经济中不同类型、不同规模的企业在获取信贷资源时"冰火两重天"的境地，加大了政策平衡的难度。第二，当前我国金融风险总体可控，但一些领域风险还在累积。公司信用类债券违约明显增多，大案要案频发，非法集资屡禁不止，一些地区金融秩序混乱等，一定程度上影响了经济金融发展环境。例如，一些 P2P 网贷平台违规将资金投放到房地产市场，把买下的缺乏流转价值的地块包装成优质房地产资源，欺骗投资者。由于房地产的流动性、变现速度较慢，资金错配无法还本付息的风险很大。第三，金融体制机制不适应实体经济和防范金融风险的需要。金融机构公司治理不完善，风险意识、合规意识、服务能力和核心竞争力不强。金融监管体制和协调机制有待完善。例如，现行金融监管体系没有对金融科技特别是线上新金融的发展作出监管规定，拿管理传统金融的模式继续监管新金融的问题客观存在，亟须改革。

[专　栏]

疏通货币政策传导机制，增强服务实体经济能力

做好当前金融工作，进一步打通货币政策传导机制，必须按照党中央、国务院的有关部署，重点把握好以下几个方面：第一，处理好稳增长与防风险的关系。在坚持推进供给侧结构性改革的前提下，注意支持形成最终需求，为实体经济创造新的动力和方向。第二，处理好宏观总量与微观信贷的关系。在把握好货币总闸门的前提下，要在信贷考核和内部激励上下更大功夫，增强金融机构服务实体经济特别是小微企业的内生动力。第三，发挥好财政政策的积极作用，用好国债、减税等政策工具，用好担保机制。第四，

深化金融改革，完善大中小金融机构健康发展的格局。第五，健全正向激励机制，充分调动金融领域中人的积极性，有成绩的要表扬，知错就改的要鼓励。第六，持续开展打击非法金融活动和非法金融机构专项行动，依法保护投资者权益，维护金融和社会稳定。

——中国政府网，2018 年 8 月 3 日

（四）人力资源保障实体经济仍需加力

我国已经具备了相当的人力资源基础，但也存在劳动力资源总量呈现下降趋势、人才供需结构性矛盾、科研人员队伍大而不强、高精尖人才相对缺乏、工程技术人才培养同生产和创新脱节等突出问题，特别是大量优秀人才涌入金融和房地产领域，实体经济吸引人才更加困难。第一，人才培养结构与产业结构调整不匹配。随着产业结构的不断调整，人才培养明显跟不上产业结构的调整，出现"有活没人干、有人没活干"的结构性错配。以人工智能领域为例，据测算，我国人工智能人才缺口超过 500 万，供求比例约为 1∶10，用工紧张问题十分突出。近三年来，海尔集团 IT 等领域人才招聘满足率只有八成左右。第二，产业升级对中低端就业岗位的"挤出效应"加剧。近年来，我国新旧增长动能加速转换，生产方式加快变革，产业升级对中低端就业岗位的"挤出效应"明显。如煤炭、钢铁等过剩产能、淘汰落后产能压减了一批中低端就业岗位，部分发达国家的贸易保护政策造成部分传统产业的企业被迫向外转移。第三，社保政策制定陷入"两难"境地。一方面是劳动者对劳动环境、福利待遇、社会保障的需求

不断增加。低效率的保障政策势必影响就业积极性。另一方面是维持较高社保缴费率，则会加大企业支出压力，影响用工积极性，不利于稳定就业岗位。

（五）军民融合发展关键性改革亟待突破

军民融合深度发展面临一些体制性障碍、结构性矛盾和政策性问题，突出表现为：第一，国防科技工业自成体系、自我封闭的现象依然存在，军民融合体制机制改革有待突破。第二，原始创新薄弱、技术储备不足，基础软件、核心元器件、关键原材料等短板瓶颈问题突出，大量高端制造装备、核心技术依赖进口。第三，"民参军"整体呈现出融合层次低、范围窄、效益小的局面，在"军工四证"资质、科研生产保密、需求对接机制、知识产权保护、军品定价方式、市场公平竞争环境等方面的体制壁垒和制度藩篱影响"民参军"深入发展。第四，军民科技协同创新能力有待加强，科技成果转化力度有待加大，大型国防科研设施与高校、科研院所仪器设备开放共享程度有待提高。

第三节　建设创新引领、协同发展产业体系的主要任务举措

建设创新引领、协同发展的产业体系，要把发展经济的着力点放在实体经济上，推动技术、资金、人才等先进生产要素汇聚到发展实体经济上来，努力实现实体经济、科技创新、现代金融、人力资源协同发展。

一、着力振兴实体经济

(一)加快先进制造业发展

实施新一轮增强制造业核心竞争力三年行动计划(2018—2020年),加快航空发动机、燃气轮机、数控机床、先进半导体、传感器、增材制造、高技术船舶以及重大专用装备等高端装备研制和产业化。加快建设制造强国,实施工业强基、高端装备创新等工程。大力发展新能源汽车和智能汽车,重点突破动力电池、电机、电控关键技术,加快智能汽车核心技术攻关、试验、验证、示范应用。发展高端医疗器械,扩大数字化普及型医疗设备研制及在基层的规模化应用。

(二)加快培育壮大战略性新兴产业

组织实施新一代信息基础设施、生物产业倍增、空间信息智能感知等重大工程。实施北斗产业园区创新发展专项行动。优先培育和大力发展一批战略性新兴产业集群,实施龙头企业带动项目、重点产业补链项目和产业生态配套项目。推动通用航空产业综合示范区高水平建设。培育一批国际一流的生物医药产业集聚区。

(三)加强制造业前沿领域创新布局

加强关键技术供给。系统推进全面创新改革试验,优化国家自主创新示范区布局,推进国家高新技术产业开发区转型升级,建设制造业创新型省份和创新型城市,打造区域制造业创新示范引领高地,形成一批带动力强的制造业区域创新中心,培育世界级先进制造业集群。

（四）加快推动制造业智能化发展

深入推进"互联网＋先进制造业"，引导企业加快探索生产制造技术与互联网、人工智能、物联网等新一代信息技术融合的有效途径。加快工业机器人等智能化关键装备、工业控制系统及数字化软件开发，有序开展具有自主知识产权的智能工厂示范。大力发展新型智能制造模式，推动生产方式向柔性、智能、精细化转变。完善智能制造标准体系，培育市场化服务机构。

与此同时，要将制造业增加值占国内生产总值的比重作为衡量制造业发展质量和国民经济重大比例关系的重要指标，加强统计监测和评价。

[专 栏]

《增强制造业核心竞争力三年行动计划（2018—2020 年）》

在轨道交通装备、高端船舶和海洋工程装备、智能机器人、智能汽车、现代农业机械、高端医疗器械和药品、新材料、制造业智能化、重大技术装备等重点领域，组织实施关键技术产业化专项。该行动计划共提出了九方面的重点领域，分别是：

轨道交通装备关键技术产业化；

高端船舶和海洋工程装备关键技术产业化；

智能机器人关键技术产业化；

智能汽车关键技术产业化；

现代农业机械关键技术产业化；

高端医疗器械和药品关键技术产业化；

新材料关键技术产业化；

制造业智能化关键技术产业化；

重大技术装备关键技术产业化。

——国家发展改革委 2017 年 11 月 20 日

《增强制造业核心竞争力三年行动计划（2018—2020 年)》

二、全面推动科技创新

（一）着力提升科技创新的质量效率

全面建设"十三五"规划部署的重大科技基础设施，建设好北京、上海、合肥三个综合性国家科学中心，在战略性领域布局建设技术创新中心、产业创新中心和制造业创新中心。加快推进国家实验室建设，汇集国内外顶级创新资源，打造航母级科技创新平台。全面启动实施"科技创新 2030—重大项目"。加快人工智能的算法理论、关键技术研发与产业化应用，全面提升我国智能经济、智能社会建设水平。

（二）着力增强产业创新能力

突出企业创新主体地位，对于产业目标明确的重大项目，由企业作为业主，联合军民和央地科技力量组织实施。开展国家技术创新示范企业认定，切实发挥好创新平台对引领产业转型、支撑经济发展的关键作用。

（三）着力打造区域创新高地

支持北京、上海、粤港澳大湾区建设具有全球影响力的科技创新中心，支持雄安新区创新发展，推动长三角协同创新。在中关村等区域研究新的试点政策，探索可复制推广的举措。按照"又高又新"的要求，提升国家高新技术产业开发区发展的质量和水平，引领新技术新产业发展壮大。促进东西部科技创新合作，激活西部创新资源，实施振兴东北科技成果转移转化行动。深入实施"一带一路"科技创新行动计划。

（四）着力推进相关领域体制机制改革

深入实施促进科技成果转移转化行动，完善国家技术转移体系，加快成果转移转化示范区建设，推进绿色技术银行等成果转化新载体建设。建立以行业、产品等标准规范为依据的市场准入机制。

（五）加强知识产权行政执法和司法保护衔接

打击严重恶意侵权、反复侵权等恶性违法行为，解决举证难和维权周期长、新技术和新业态的知识产权保护不力等问题。

三、发展完善现代金融

（一）回归本源，服从服务于经济社会发展

金融要把为实体经济服务作为出发点和落脚点，全面提升服务

效率和水平，把更多金融资源配置到经济社会发展的重点领域和薄弱环节，更好满足人民群众和实体经济多样化的金融需求。

（二）优化结构，完善金融市场、金融机构、金融产品体系

要坚持质量优先，引导金融业发展同经济社会发展相协调，促进融资便利化、降低实体经济成本、提高资源配置效率、保障风险可控。

（三）强化监管，提高防范化解金融风险能力

要以强化金融监管为重点，以防范系统性金融风险为底线，加快相关法律法规建设，完善金融机构法人治理结构，加强宏观审慎管理制度建设，加强功能监管，更加重视行为监管。

（四）市场导向，发挥市场在金融资源配置中的决定性作用

坚持社会主义市场经济改革方向，处理好政府和市场关系，完善市场约束机制，提高金融资源配置效率。加强和改善政府宏观调控，健全市场规则，强化纪律性。

四、强化人力资源支撑

（一）开展职业技能培训，全面提升劳动者素质

瞄准数字经济、人工智能等高端产业，培养适应新业态新模式新产业发展的高素质人才，推进产业结构和劳动者技能协同升级，促进高质量发展与高质量就业互进互促。坚持需求导向，统筹推进教育政策、产业政策、用人政策，实现劳动力素质提升和产业发展

的良性互动。加强校企合作和定向式、订单式培训，通过政府购买培训成果等方式，鼓励社会力量开展各种职业技能培训，鼓励企业开展在岗职业技能提升培训，全面提升劳动者素质。

（二）优化就业服务，切实提高劳动力市场匹配效率

深入推进户籍、社保、住房、教育等制度改革，逐步消除影响劳动力自由流动就业的体制机制障碍。加大中央投资支持力度，加强省级、地市级人力资源市场和县乡基层公共就业创业服务设施建设，基本实现基层公共就业创业服务全覆盖。畅通信息渠道，充分利用现代化手段，及时发布用工和职业技能培训信息，引导劳动力在城乡、区域和行业间合理流动。

（三）完善协调机制，着力改善劳动者就业条件

充分发挥工会在工资确定、合同签订、福利待遇、劳动保护等方面的积极作用，健全劳动关系三方协调机制，保障劳动者合法权益。深化收入分配制度改革，努力形成企业和职工利益共享机制。健全社会保险制度，完善社会保险关系转移接续办法，提高农民工参保率。加强劳动保护，改善劳动环境。规范招聘行为，坚决查处户籍、学历、院校、性别等各类就业歧视问题，促进公平就业。

五、推进军民融合产业发展

（一）海洋领域

加快发展无人舰船、水下机器人等海洋尖端智能技术装备产

业，重点发展大型客滚船、科考船、极地破冰船和海洋钻井平台、海洋风电等高技术船舶和海工装备产业、导航和通信装备产业，重点发展深远海、极地导航和通信装备。

（二）太空领域

重点发展北斗导航产业，加快北斗系统大规模应用，促进遥感、通信等领域商业航天发展，鼓励引导民间资本和社会力量有序参与航天科研生产、空间基础设施建设、空间信息产品服务、卫星运营等航天活动。

（三）网络空间领域

重点打造网络通信设备设施和软硬件等领域的军民一体网信产业，加大军地协同攻关，拓展军民两用技术广泛应用，构建军民一体、安全可控、攻防兼备的网络信息产业体系。

（四）生物领域

发展生物医药产业，增强应对大规模新发突发和输入性传染病的能力。发展生物防护装备产业，提升遏制和应对生物恐怖袭击、生物武器攻击的能力。

（五）新能源领域

发展光伏、光热发电、风电等产业，打造新能源产业集群，加强储能技术、储能装备联合攻关，形成致密储能和可靠集成的自主能源保障能力。

（六）人工智能领域

推进工业、海洋、极地等领域智能机器人发展，发展自动驾驶汽车、轨道交通、船舶等智能运载工具产业，发展新一代智能手机、智能穿戴产品、车载智能终端等终端产业，加强人工智能核心软件开发，突破图形处理器等核心硬件。加强系统集成应用研究，建立智能制造标准体系，实现全生命周期制造智能化，加快智能物流装备研发和推广应用，发展深度感知智能仓储系统，完善智能物流公共信息平台等。

～ 本章小结 ～

建设现代化经济体系，其中一个重要的内容就是建设创新引领、协同发展的产业体系，实现实体经济、科技创新、现代金融、人力资源协同发展，使科技创新在实体经济发展中的贡献份额不断提高，现代金融服务实体经济的能力不断增强，人力资源支撑实体经济发展的作用不断优化。建设创新引领、协同发展的产业体系，关键是要有扎实的举措，使生产要素高效服务于实体经济，形成促进经济高质量发展的强大动力。

【思考题】

　　1.如何认识改革开放特别是党的十八大以来我国实体经济发展的背景、历程和影响，以及科技、金融、人才对实体经济发展的支撑作用？

　　2.怎样认识建设创新引领、协同发展的产业体系的重要意义？为什么要把发展实体经济放在最突出的位置？

　　3.建设创新引领、协同发展的产业体系面临的突出矛盾是什么？如何有效解决？

第四章

建设统一开放、竞争有序的市场体系

习近平总书记在中共中央政治局集体学习等重要讲话中，对建设统一开放、竞争有序的市场体系作出重要部署。构建统一开放、竞争有序的市场体系，是建设现代化经济体系的重要组成部分，也是实现市场在资源配置中起决定性作用的前提和基础，有利于形成优质高效多样化的供给体系。

第一节　统一开放、竞争有序的市场体系是
现代化经济体系的重要支撑

建设统一开放、竞争有序的市场体系是经济社会发展到一定阶段的必然要求，是现代化经济体系的重要支撑和重要组成部分。

一、统一开放、竞争有序的市场体系的基本内涵和主要特征

统一开放、竞争有序的市场体系，是指实现市场准入畅通、市场开放有序、市场竞争充分、市场秩序规范，形成企业自主经营公平竞争、消费者自由选择自主消费、商品和要素自由流动平等交换的现代市场体系。概括起来具备以下主要特征：范围的统一性，即市场边界与一国（地区）或多国（地区）的边界高度一致，内部无壁垒、市场无分割的统一市场；市场的开放性，即市场体系内部相互开放、紧密联系，市场准入以及商品和要素流动没有限制和封锁，商品和要素能够通达顺畅地自由流动，与全球市场顺畅连通；规则的一致性，即具有明确和统一的市场运行规则、监管制度和法律体系，为所有市场主体和商品要素流动提供公开透明、公正平等的市场环境；竞争的公平性，即各类市场主体自主决策、自主经营、自负盈亏，具有平等获得生产要素和资源的权利和机会，并平等地参与市场竞争。

二、建设统一开放、竞争有序的市场体系的重要意义

当前，我国正处于全面建成小康社会决胜阶段、中国特色社会主义进入新时代的关键时期，加快推进统一开放、竞争有序的市场体系建设，对于实现"两个一百年"奋斗目标、实现中华民族伟大复兴的中国梦具有重要意义。

（一）这是顺利实现增长动力转换，推动高质量发展的必然要求

我国经济社会发展从高速增长向高质量发展阶段转变，面临质量、效率、动力变革的迫切要求。在此背景下，需要释放市场主体的活力，破除市场分割和地方保护，为市场主体发展、新兴产业成长和新的消费增长动力形成提供更加广阔的市场空间和更为规范的市场环境，为经济结构升级、市场主体发展和创新创业提供前提和支撑。

（二）这是全面深化改革，使市场在资源配置中起决定性作用的必然要求

经济体制改革的核心问题是处理好政府和市场的关系，使市场在资源配置中起决定性作用和更好发挥政府作用。当前，我国各类市场分割和地方保护仍然存在，而且出现了新的手段和形态。这导致市场秩序不规范、竞争条件不公平、市场竞争不充分，影响着市场配置资源的效率，损害了市场主体的利益和消费者的合法权益。只有消除市场分割和行政壁垒，促进公平竞争，才能减少各种非市场因素在资源配置中的负面影响，让各类商品和要素资源能够按照市场规则、价格信号自由流动。

（三）这是形成高效分工协作新格局，促进区域协调协同和共同发展的必然要求

现代化经济体系经济分工更复杂，市场内生发展动力更强烈，需要在更大范围、更广区域、更科学监管中谋求发展。党中央、国

务院高瞻远瞩，提出了区域协调发展新战略，在全国一盘棋的原则下，依据各地区的战略区位、资源禀赋和比较优势，有效形成全国区域分工协作、优势互补、合作共赢的局面。区域发展新战略的实施，客观上要求打破"一亩三分地"的禁锢，消除人为造成的市场藩篱。

（四）这是构建更高水平对外开放，推动形成全面开放新格局的必然要求

在新时代，我国积极推进新一轮高水平对外开放，对统一开放、竞争有序的市场体系提出了新的更高要求。只有打破市场分割和地方保护，建立全国一致的市场法律、竞争规则和标准体系，才能形成统一透明的对外开放原则、负面清单和监管规则。

第二节　我国市场体系的现状和主要问题

市场体系是由商品及服务市场和要素市场构成的有机整体。经过改革开放 40 年的持续快速发展，我国绝大部分商品和服务已基本实现市场在资源配置中发挥决定性作用。但要素市场改革相对较晚，而且不同领域、不同时期的改革推进不均衡。

一、商品及服务市场发展现状和主要问题

商品及服务市场是我国市场体系的重要组成部分。改革开放以来，我国商品及服务市场快速成长，市场体系基本形成，在促进经

济增长、扩大消费、保障民生等方面发挥着重要作用。

（一）商品及服务市场发展历程

20 世纪 80 年代中期，随着农副产品统购、派购政策的取消，我国农产品批发市场和城镇小商品市场开始快速兴起。随后，改革重心逐步转向城市工商业，全国兴起兴建大型商厦热潮。90 年代中后期，商品零售市场和批发市场进入快速发展阶段。80 年代，我国开始放开个体经济。在服务业价格改革和市场化改革的推动下，住宿、餐饮、居民服务业等领域较大程度地放松了进入规制，实现了比较充分的市场竞争，房地产业、铁路运输等部分服务行业从国家包办的福利型事业向产业转型，我国服务市场初步形成。进入 21 世纪以后，随着我国加入世界贸易组织，商品及服务市场开放步伐进一步加快，大批外资商业公司以独资、参股、联营等形式进入中国市场。银行、保险、证券、电信等服务部门均按承诺逐步对外开放，我国服务市场进入全面开放的新阶段。党的十八大以来，我国消费市场发展动力加快转换，从商品消费转向服务消费驱动。信息技术快速发展和居民消费结构升级，商品及服务市场转型创新步伐加快，新技术、新模式、新业态等不断涌现，文化、旅游、教育、健康、养老等各类服务市场快速兴起，商品及服务市场体系日臻完善，在保障民生、扩大消费、促进经济增长等方面发挥了重要作用。

（二）商品及服务市场发展的现状特征

第一，市场总量规模不断扩大。改革开放以来，随着商品市场体系逐步建立健全，我国社会消费品零售总额稳步增长，从 1980

年的 0.21 万亿元增长到 2017 年的 36.6 万亿元（见图 4-1）。电子
商务高速发展，网络零售规模增长迅速，2017 年网络零售对社会
消费品零售总额增长的贡献率为 35.4%，占社会消费品零售总额的

（单位：万亿元）

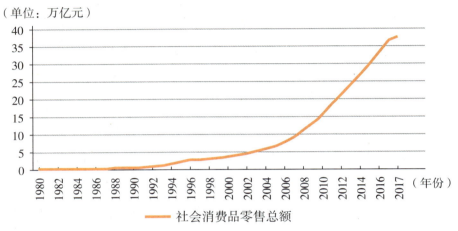

图 4-1　我国社会消费品零售总额增长情况（1980—2017 年）

资料来源：国家统计局网站。

（单位：%）

图 4-2　我国第三产业占国内生产总值的比重变化情况（1978—2017 年）

资料来源：国家统计局网站。

比重为 15%。与此同时，服务市场整体规模持续扩大，第三产业增加值占国内生产总值的比重从 1980 年的 21.4% 增加到 2017 年的 51.6%（见图 4-2）。

第二，多元化市场体系基本形成。随着居民收入水平的持续提高以及消费观念的转变，居民消费从注重量的满足转向追求质的提升。汽车、居住相关商品、文化用品等品质升级类商品销售旺盛，大众餐饮、文化娱乐、休闲旅游、教育培训、医疗健康等服务性消费成为新的消费热点。伴随信息技术的快速应用和居民消费需求多元化，零售市场转型创新步伐加快，线上零售和线下零售加速融合发展，新技术、新模式、新业态不断涌现，市场多元化发展格局日趋形成。

第三，市场形成价格机制逐步完善。价格改革先后经历了 20 世纪 80 年代"调放结合""价格双轨制""价格闯关"，以及放开价格、完善机制的过程，基本实现了从政府定价向市场形成价格转变。当前 97% 以上的商品和服务价格实现市场调节，少数仍由政府定价的网络型自然垄断环节、重要公用事业、公益性服务行业也初步建立了以"准许成本＋合理收益"为核心的定价制度，为激发市场活力、推进结构调整发挥了重要作用。

第四，市场开放程度显著提升。党的十九大报告提出推动形成全面开放新格局，建立自由贸易试验区成为我国新一轮开放的战略举措，大幅放宽服务业市场准入已成为开放重点。我国开放领域已从制造业领域的实物贸易扩展到包括金融、保险、教育、咨询等在内的服务贸易，实现了多领域对外开放。中国商品及服务市场已形成全方位、多层次对外开放格局，国内市场与国际市场体系深度融合。

[案　例]

原油期货上市

原油是交易量最大、最基础的石油产品。2012 年，我国对《期货交易管理条例》作出修改，允许外国投资者参与境内特定品种的期货交易，为原油期货上市打开了通往世界的大门。

2018 年 3 月 26 日，原油期货在上海期货交易所成功上市。已有石油公司采用上海期货交易所能源原油期货合约价格作为基准价购买原油。截至 2018 年 7 月 31 日，按单边统计，原油期货累计成交量 772.53 万手，成交金额 3.67 万亿元。原油期货上市不仅有利于建立一个反映我国及亚太地区石油市场供需关系的价格体系，发挥价格在资源配置中的基础作用，提高我国服务实体经济的能力，而且有助于推动中国资源类商品的国际化进程，提升配置全球金融资源的功能和服务国家经济社会发展的能力。对理顺我国资源商品价格体系，优化相关商品价格形成机制将发挥重要作用。

——国务院发展研究中心市场所整理

（三）商品及服务市场面临的主要问题

第一，市场结构性矛盾突出。供给侧结构性改革尚在推进过程中，居民消费结构升级对生产端的引导效应显现仍需一定时间，商品及服务市场供给主体创新能力尚待培育，当前商品与服务无效低端供给过剩与中高端有效供给不足并存。受经济发展水平、市场化程度、政府职能转变及资源要素禀赋存在差异等影响，东部沿海地区和中西部内陆地区商品及服务市场体系建设推进不均衡；城市与农村商品及服务市场差距较大，农村商品流通设施和商业网点不健全，流通现代化程度较低，服务市场发展相对滞后。第二，市场主体竞争力不强。我国商品及服务市场主体组织化程度低，规模偏小，综合竞争能力弱。部分流通企业创新能力不足，业态布局、品牌定位等特色不突出。企业"走出去"拓展海外市场的国际化经营能力不足。第三，市场秩序有待优化。商品及服务市场有序发展、规范管理、依法保护的运行机制尚不成熟，信用体系不够健全，市场秩序有待进一步优化，市场交易中仍存在违法失信等行为，商业欺诈、制假售假、轻诺寡信、霸王条款等时有出现。第四，市场体制机制不健全。内外贸市场分割、区域市场分割、城乡市场分割和条块市场分割等各种形式的地方保护主义和区域贸易壁垒依然存在，基础设施和公用事业等重点领域仍然存在不合理准入门槛，医疗、养老、教育等民生领域市场开放度仍有待进一步提升，社会资本进入仍面临诸多限制。

二、我国要素市场发展现状和主要问题

（一）要素市场发展历程和现状

金融市场。改革开放以来，我国的金融市场体系经历了一系列重大改革，市场主体数量和类型不断增多，金融产品和服务日益丰富，金融体系制度建设和金融基础设施日趋完备。商业性金融、开发性金融、政策性金融和合作性金融机构改革取得重要进展，各类

型金融机构合理分工、功能补充的金融体系基本形成。金融市场对外开放程度和市场化水平持续提高，金融市场监管不断健全，防范和化解系统性金融风险的能力显著增强。

[案 例]

21世纪初的银行业改革

中国在2001年年末加入世界贸易组织（WTO），在2003年以国有商业银行改制为中心进行了新一轮银行业改革。其中四大国有商业银行的改革目标，就是要使国有商业银行走市场化的道路，推进产权制度的改革，推进公司治理结构的改革，真正把国有商业银行变成现代商业银行。四大国有商业银行的改革路径可以大体概括为：

《银行制度改革与证券市场发展》

第一，通过国家注资和不良资产剥离进行财务重组，通过中央汇金公司这一专门设立的投资实体，国家合计动用790亿美元外汇储备对4家国有商业银行进行注资，并先后从四大国有商业银行剥离不良资产总计约1.9万亿元。

第二，通过股份化和引进境内外战略投资者，改变产权结构和经营机制，健全公司治理。

第三，通过首次公开发行股票（IPO）进一步充实银行资本金，强化市场约束，推进银行持续改革。

——吴敬琏：《当代中国经济改革》，

上海远东出版社 2010 年版

劳动力市场。我国的劳动力市场在 20 世纪 70 年代末开始发育，到 90 年代获得较大发展，目前已发展成为相对成熟的市场体系。第一，人力资本素质不断提高。劳动力质量发生了质的变化，受教育程度不断提高，成为产业和贸易获得巨大发展的重要保障。第二，劳动就业结构发生重大变化。农村富余劳动力大量流向城市，第三产业就业比重显著提高。第三，就业服务体系日益完善。90 年代初我国提出培育和发展劳动力市场，打破国有企业在用人时间和数量上的限制，实行劳动合同制，职业介绍机构蓬勃发展，与就业培训、劳动就业服务、失业保险一起构成有中国特色的就业服务体系。

土地市场。改革开放以来，中国土地市场的变迁始终在"坚持所有制性质不变、完善所有制实现方式"的前提下，通过赋予使用权、交易权、收益权等更强的产权保护，及时调整和完善中央和地方政府在土地市场中的作用，为经济社会持续健康发展提供土地制度保障，土地制度和市场建设不断取得新的成就。党的十八大以来，为进一步适应农业经营方式多样化，推动农业生产经营集约化、专业化、组织化、社会化发展，开始探索农村土地承包经营权分为承包权和经营权，实行"三权"分置。城市建设用地市场发展迅速，城市建设用地实行集中供应制度和土地使用权公开招标、拍卖、挂牌的交易制度。同时，实行建设用地总量和强度双控行动，建立"人地挂钩"制度，城镇建设用地增加指标的规模同吸纳农业转移人口落户数量相挂钩，逐步完善节约集约用地制度框架。党的十八届三中全会提出"建立城乡统一的建设用地市场、农村集体经营性建设用地实行与国有土地同等入市、同权同价"；启动集体土地建设租赁住房试点，探索经营性集体建设用地的有偿出让、交易。

[案　例]

深圳市国有土地使用权有偿出让制度的探索

20世纪80年代，深圳市兴起大规模城市建设热潮，但仅靠境外企业交纳的"土地使用费"远远不够。深圳政府借鉴香港的经验，1987年7月出台了《深圳经济特区土地管理体制改革方案》，基本设想是"所有用地实行有偿使用，协议、招标、公开竞投"。1987年12月1日，深圳举行了新中国成立以来首宗土地使用权拍卖会，标志着土地使用权自由买卖的有偿出让制度正式形成。

1988年4月《中华人民共和国宪法修正案》增加了"土地的使用权可以依照法律的规定转让"的条款，正式确立了有偿、限期、可以转让的土地使用权制度。1988年、1998年和2004年三次修订了《中华人民共和国土地管理法》，并于1990年修订了《城镇国有土地出让和转让暂行条例》和《外商投资成片使用土地条例》。

——国务院发展研究中心整理

产权市场。产权市场的建设和发展，是企业并购重组领域的重大制度创新，它与证券市场一起，构成了我国多层次、多板块资本市场体系的基础框架，丰富了我国统一开放、竞争有序市场体系的内容。目前全国已基本实现产权市场全覆盖，除台湾、香港和澳门以外的所有省、自治区和直辖市都已建立具备交易资质的产权交易机构；在"国资全覆盖"的基础上，产权市场成功将业务拓展至其他公共资源交易，以及非公领域的产权资源非标准化配置领域，实现服务对象全覆盖；产权市场目前已形成较为完备的产权交易制度和规则体系，实现交易制度全覆盖。产权市场建立后，充分发挥发现投资人、发现价格的市场功能，解除了国企改革中极易引发争议和混乱的产权困扰，有效遏制了国有产权流转中存在的暗箱操作、定价过低、资产流失等突出问题，在企业国有资产公开阳光配置方面，也发挥了积极作用。

技术市场。技术市场是从事技术中介服务和技术商品经营活动的场所。20 世纪 80 年代中期以来，我国技术市场从无到有，实现了跨越式发展。技术合同交易额已经从 1984 年的 7 亿元，增长到 2017 年的 13424 亿元，增长 1900 多倍。技术市场的交易质量显著提高，技术商品的整体规模和水平大幅度提升，专利技术交易额占比增加，高新技术领域技术交易额快速增长。交易主体由高校和科研院所逐步转移至企业，企业内生创新动力不断增强、产学研协同技术开发成效显著、高校院所科技成果转化效率大幅提升。交易模式更加多元，早期交易模式主要包括技术开发、转让、入股、咨询和服务，目前已经向科技企业股权交易、企业并购、交钥匙工程、技术投融资等方向发展。科技中介服务队伍发展壮大，促进了科技服务的规模增长和分工细化，培育了科技服务业态。制度环境更加优化，促进了技术转移和成果转化速度进一步加快。

（二）要素市场面临的主要问题

金融市场功能不健全。直接融资与间接融资不协调。资本市场个人投资者占比偏高，风险识别、风险承担、风险分散和风险处置能力普遍较弱。金融服务实体经济的功能未充分得以发挥，支持和服务"三农"及中小微企业的能力仍有待进一步改善。金融机构市场化退出机制和金融要素市场定价机制不完善，市场化约束机制和违约风险承担机制不健全。金融市场基础设施、金融市场自律机制、相关法规体系仍有待完善。双向开放程度仍有待提高，在参与机构、金融产品、经营理念、市场功能、相关制度等方面与成熟金融市场相比仍存在较大提升空间。

劳动力市场结构性矛盾突出。户籍管理制度使得外来就业人员在就业准入、社会保障、子女教育、医疗等方面的利益得不到充分保障，造成地区与城乡劳动力市场分割。劳动力市场供需不匹配，产业工人、生产性人员的巨大需求无法得到满足，高校毕业生就业形势依然严峻，企业招工难和学生就业难并存。

土地市场化水平偏低。市场机制对城乡土地配置的作用发挥不充分。第一，城乡土地二元分割特征明显。农村土地征收、集体经营性建设用地入市、宅基地流转改革刚刚起步，国有土地和农村集体土地同地不同权情况还比较明显。国有土地一级市场由政府控制，对房地产开发用地、商业用地、工业用地执行不同的价格，仍有相当比重土地以行政划拨和协议形式出让。第二，土地使用结构不合理。一方面，土地主要用于保障经济社会的生产性需求和基础设施性需求，城市的生活生态用地特别是住房用地的供应比重偏低。另一方面，建设用地只注重增量扩张，对盘活存量资源、提高存量土地效率并不重视，一些地方出现大规模土地开发建设和闲置低效土地大量存在的现象。同时，在土地取得和保有环节征税过低，而在流转环节，契税、营业税、印花税等整体税率过高，抑制了不动产的正常交易和流转，降低了土地市场化配置效率和效益。

产权市场功能没有充分发挥。国家层面对产权市场定位有待明确，如何推进证券市场和产权市场的有效对接是亟待解决的问题。产权市场至今缺乏一部在国有资产交易监督领域专门的上位法作为基础支撑。市场存在缺乏统一战略规划、交易场所设立过多且发展不平衡、业务规则把握尺度不一、无序竞争等问题，制约着市场的功能发挥和健康可持续发展。同时，缺乏全国统一的足以支撑信息披露、竞价、结算等全流程的信息系统，影响到整个市场信息系统的应用。

技术市场体制机制不健全。国家尚缺乏全面设定技术市场各类主体在技术转移中的权利、义务和责任，并调整其相互关系的法律法规。国有职务科技成果的使用、收益、处置政策，以及激发科研人员创新创造动力与活力等方面亟待新一轮制度创新。技术市场多部门协同促进机制尚未形成，缺乏长期专项经费投入，技术市场工作在科技工作中的地位有待提升。我国技术市场服务机构总体上仍处于发展初期，与技术创新的互动机制尚未真正形成，在国家创新体系中发挥作用不充分。技术市场与其他要素市场，尤其是资本市场尚缺乏深层次互动，技术资本化仍未破题。

第三节　建设统一开放、竞争有序市场体系的主要任务举措

建设统一开放、竞争有序的市场体系，必须以完善产权制度和要素市场化配置为重点，通过改革，完善市场体系的功能，健全市场和价格机制，优化监管体系，充分发挥市场在资源配置中的决定性作用，为我国经济实现高质量发展提供支撑和保障。

一、商品及服务市场体系建设的主要任务

（一）优化商品及服务市场结构

优化供需结构，推进商品及服务市场供给侧结构性改革，提高供给效率，加强知识产权保护与市场监管，改善消费环境，提升商品与服务市场供给与居民需求的匹配度。优化区域结构，继续发挥东部地区现有优势，以建设国际消费中心城市为契机，提高对内对外开放程度；推动中西部地区对标东部地区建设现代市场体系，提高商品及服务市场有效供给，提升市场服务水平和市场规模。培育高品位步行街，促进商圈建设，发展社区商业，提升城市消费水平。推进乡村振兴战略，稳步提升广大农村地区的商品及服务市场建设水平，提升教育、养老、居民生活服务等服务市场有效供给；加强农村地区流通基础设施建设，对标城镇地区提升农村地区市场

软硬件水平；推进农村电子商务发展，推进农产品上行、工业品下行，畅通农村市场渠道。

（二）加强多元化市场主体培育

提升商品及服务市场主体的组织化程度，打破体制机制障碍，引导市场主体实施连锁经营，发挥市场主体的规模效应。提升商品及服务市场主体的创新能力，应用大数据、云计算等现代技术提升市场敏锐度，探索独具特色的经营模式，提升市场主体抗冲击、抗风险能力。提升商品及服务市场主体的协同能力，通过互相参股、战略联盟等方式建立横向协作、纵向链条的战略合作关系，提升市场主体的整体竞争力。

（三）打破市场分割和行业垄断

推进区域市场一体化建设，建立健全区域市场一体化机制、区域合作机制和区域利益共享机制，引导商品及服务跨区域自由流动。加快推进建成全国统一大市场，清除地方保护和市场壁垒，促进全国范围内形成商品及服务市场要素自由流动、市场主体自由竞争的格局，加快构建全国统一的商品及服务大市场。打破行业垄断，加强对服务市场的监管，建立和完善反垄断常态化监管机制，依法制止滥用行政权力排除、限制竞争的行为，维护市场公平竞争。

（四）推进商品及服务市场开放

提升服务市场对内对外开放程度，培育现代化、组织化的市场主体，实施服务市场化、产业化、社会化改革，推进非公有制服务市场主体的发展。积极参与"一带一路"建设，开展商品及服务市场国际合作，建设与"一带一路"沿线国家双向畅通的商品及服务市场贸易与投资通道。积极利用自由贸易试验区对外开放政策，推进由商品市场开放为主向商品市场开放和服务市场开放并重转型，对接国际国内市场深化商品及服务市场结构性改革，推进商品及服务市场的创新发展。

（五）优化商品及服务市场秩序

优化商品市场秩序，针对有的电商平台、农村市场等假冒伪劣产品高发地，加强交易执法监管和市场监督检查，建立健全备案制度，严厉打击商品市场中的假冒伪劣和坑蒙拐骗违法行为。优化服务市场秩序，规范无证、无照经营现象，加强对虚假宣传和侵犯消费者合法权益行为的监管。

[案　例]

长三角区域推进区域市场一体化建设

2014 年年底，由上海市商务委员会发起建立推进长三角区域市场一体化发展合作机制，苏浙皖沪商务部门共同签署了《推进长三角区域市场一体化发展合作协议》，以"三共三互"的六个方面加强区域合作：规则体系共建，探索建立统一的区域市场规则体系，打破条块分割的政策和体制障碍。创新模式共推，建立长三角区域城际配送协调机制，大力发展城市共同配送，加强以托盘和包装标准化及其循环共用为重点的物流标准化合作。市场监管共治，推动三省一市监管互认、执法互助、信息共享，形成权责一致、运转高效的区域市场综合监管体系。流通设施互联，加强流通基础设施的功能对接和空间布局的协调，大力发展多式联运方式。市场信息互通，加强区域商务信息沟通与合作，合力建设市场公共信息服务平台，加强市场发展的科研合作交流。信用体系互认，推动三省一市信用信息系统的互联互通，整合行政许可、资质认定、行政处罚等信用信息，逐步开展企业信用分类管理。2015年，江西省加入长三角区域市场一体化发展合作机制。近年来，5省市加强顶层设计，探索制度创新，推动互利共赢，长三角区域市场一体化建设成效较好。

——国务院发展研究中心整理

二、要素市场体系建设的主要任务

（一）健全金融要素市场定价机制

发挥市场化竞争性金融要素价格在优化资源配置中的决定性作用。加快培育市场化金融资产价格形成机制，培育市场基准利率和收益率曲线，健全市场化利率形成机制，深化人民币汇率形成机制改革，推进新股发行市场化定价。进一步提高直接融资比重，积极推进金融体制改革，构建符合我国国情的现代金融市场体系。加大金融市场双向开放力度，积极构建高层次开放性金融市场体系。放宽境外金融机构市场准入限制，落实外资准入前国民待遇加负面清单制度，支持有条件的中资金融机构"走出去"，提升国内金融市场的影响力。坚持防范系统性金融风险，提高金融机构和金融市场风险防御能力和风险处置能力。

（二）构建统一平衡的劳动力市场

更好适应经济发展的需要，保障劳动者的合法权益。改革户籍及社会福利制度，打破城乡、区域间的分割，建立更加统一公平的劳动力市场。改变教育体制，适当调整职业教育与高等教育模式，使之与市场多样化的劳动需求相匹配。

（三）建立统一平等的土地市场

改变土地权利二元、市场进入不平等、价格扭曲和增值收益分配不公的格局，以权利平等、放开准入、公平分享为重点，深化土地制度改革，促进土地利用方式和经济发展方式转变。在规划和用途管制下，允许农村集体土地与国有土地平等进入非农用地市场，形成权利平等、规则统一的公开交易平台，建立统一土地市场下的价格体系。改革土地出让制度和用地模式，合理确定城市土地用于建设与农民留用比例。建立土地价值评估体系。强化土地利用总体规划实施刚性，依法落实用途管制。加强土地权属管理，建立统一地籍管理体系。

（四）提升产权市场服务经济的功能

完善产权制度，培育发展产权市场，加强与资本市场的互动和衔接，加快向完善的资本市场转型升级。加快市场立法工作，明确产权市场的概念、限定条件、运行规范、功能定位及主管部门，明确相关各方的法律责任。建立"一部门牵头、多部门参与、业务分类指导、部门联合检查"的复合监管模式，推进全国产权市场协调发展，有序竞争，提升行业规范和信息透明度。

（五）形成技术市场支撑经济创新发展的体制机制

强化市场导向，逐步形成促进和规范技术市场和技术转移发展的法律体系。逐步弱化部门和机构对技术成果定价的干预，通过活跃交易、增加供需和保障公平，回归技术市场对技术要素的定价功能。探索社会资本与财政经费联合支持，知识产权共享、风险利益共担、以企业为主体的协同创新机制。加快培养高素质的技术市场管理和技术转移人才，包括高级技术经理人、技术许可高级管理人等国际化技术转移人才。积极探索技术市场与资本市场的协调发展，创造并丰富与技术转移规律和科技创新规律、特点相适应的金融产品和多样性的投融资手段，建立并完善技术产权交易制度和风险投资制度。

本章小结

构建统一开放、竞争有序的市场体系，是现代化经济体系的重要支撑，有利于实现市场在资源配置中起决定性作用，形成优质高效多样化的供给体系，具有丰富内涵和重要意义。经过四十多年的持续快速发展，我国已经建立起较为完整的市场体系，绝大部分商品和服务实现市场化供给和定价，但要素市场改革相对滞后。下一步必须以完善产权制度和要素市场化配置为重点，实现产权有效激励、要素自由流动、价格反应灵活、竞争公平有序、企业优胜劣汰。

【思考题】

1. 统一开放、竞争有序的市场体系的内涵和主要特征有哪些？对建设现代化经济体系有什么重要意义？

2. 当前商品及服务市场体系发展面临的突出问题有哪些？未来改革的主要任务和重点方向是什么？

3. 当前要素市场体系发展面临的突出问题有哪些？未来改革的主要任务和重点方向是什么？

4. 建设统一开放、竞争有序市场体系的总体要求是什么？如何与现代化经济体系的构建协调推进？

第五章

建设体现效率、促进公平的收入分配体系

分配是社会再生产过程中的重要一环。收入分配制度是根本性、基础性的制度安排，是社会主义市场经济体制的重要基石。收入分配体系是现代化经济体系的重要组成部分。习近平总书记指出，要建设体现效率、促进公平的收入分配体系，实现收入分配合理、社会公平正义、全体人民共同富裕，推进基本公共服务均等化，逐步缩小收入分配差距。

第一节　收入分配体现效率、促进公平是
建设现代化经济体系的必然要求

改革开放以来，我国收入分配制度建设不断推进，破除了传统计划经济体制下平均主义的分配方式，在坚持按劳分配为主体的基础上，允许和鼓励资本、知识、技术、管理等要素按贡献参与分

配，不断加大收入分配调节力度。党的十九大明确提出要坚持按劳分配原则，完善按要素分配的体制机制，促进收入分配更合理更有序。

一、体现效率、促进公平的收入分配体系的基本内涵

收入分配是一个以收入的形成为逻辑起点，经过收入的初次分配、再分配等环节，形成收入在各个社会主体间分配的过程。马克思、恩格斯汲取前人经验，运用辩证法和历史唯物论科学地创立了劳动价值论和剩余价值理论。能够创造新价值的只有活劳动，价值是由劳动创造的。在资本主义生产关系条件下，劳动创造的价值被分解为必要劳动价值和剩余劳动价值两部分。生产关系决定分配关系，分配是生产要素所有制关系在经济上的实现。按劳分配是社会主义生产关系中个人消费品的分配原则。同时，收入分配问题也一直是西方经济理论研究的重要主题，古典经济学、新古典经济学和现代西方主要经济学派都从不同角度对收入分配理论进行了阐释。

从分配的过程来看，初次分配是整个收入分配制度中最具基础性的组成部分，一般是指生产成果在劳动、资本、知识、技术、管理等生产要素之间按贡献进行分配的过程。再分配是指国家通过税收、财政转移支付、社会保障等方式对初次分配结果进行调节的过程。体现效率、促进公平的收入分配体系是指为实现收入分配合理有序，既适应社会主义市场经济体制、体现资源配置效率，又能够促进社会公平正义的一系列收入分配法律法规和制度政策。建设体现效率、促进公平的收入分配体系，核心是坚

持按劳分配原则，完善按要素分配的体制机制，履行好政府再分配调节职能，促进收入分配更合理、更有序。一方面要建立公平合理的收入分配制度，另一方面要建立更加有效的收入持续增长机制。

[专　栏]

历次中央重要会议关于收入分配问题的论述

我们党历来高度重视收入分配问题。

党的十一届三中全会提出"必须认真执行按劳分配的社会主义原则""要允许一部分地区、一部分企业、一部分工人农民，由于辛勤努力成绩大而收入先多一些，生活先好起来"。

党的十二届三中全会提出"要让一部分地区和一部分人通过诚实劳动和合法经营先富起来，然后带动更多的人走向共同富裕"。

党的十三大提出"社会主义初级阶段的分配方式不可能是单一的。我们必须坚持的原则是，以按劳分配为主体，其他分配方式为补充"。

党的十四届三中全会提出"个人收入分配要坚持以按劳分配为主体、多种分配方式并存的制度""允许属于个人的资本等生产要素参与收益分配"。

党的十五大强调"坚持效率优先、兼顾公平""把按劳分配和按生产要素分配结合起来""允许和鼓励资本、技术等生产要素参与收益分配"。

党的十六大提出"确立劳动、资本、技术和管理等生产要素按贡献参与分配的原则,完善按劳分配为主体、多种分配方式并存的分配制度"。

党的十六届六中全会进一步明确"在经济发展的基础上,更加注重社会公平,着力提高低收入者收入水平,逐步扩大中等收入者比重,有效调节过高收入,坚决取缔非法收入,促进共同富裕"。

党的十七大提出"初次分配和再分配都要处理好效率和公平的关系,再分配更加注重公平。逐步提高居民收入在国民收入分配中的比重,提高劳动报酬在初次分配中的比重"。

党的十八大提出"必须坚持走共同富裕道路""着力解决收入分配差距较大问题""努力实现居民收入增长和经济发展同步、劳动报酬增长和劳动生产率提高同步""完善劳动、资本、技术、管理等要素按贡献参与分配的初次分配机制,加快健全以税收、社会保障、转移支付为主要手段的再分配调节机制"。

党的十九大提出"坚持在发展中保障和改善民生""保证全体人民在共建共享发展中有更多获得感,不断促进人的全面发展、全体人民共同富裕""坚持按劳分配原则,完善按要素分配的体制机制,促进收入分配更合理、更有序""履行好政府再分配调节职能，加快推进基本公共服务均等化，缩小收入分配差距"。

——国家发展改革委根据有关资料整理

二、建设体现效率、促进公平的收入分配体系的重要意义

（一）这是全面建成小康社会、全面建设社会主义现代化国家的必然要求

共同富裕是社会主义的本质。全面建成小康社会主要是以人民生活水平和质量是否普遍提高为衡量标准。富强民主文明和谐美丽的社会主义现代化强国，一个重要标准就是基本实现全体人民共同富裕，人民享有更加幸福安康的生活。优化收入分配格局，是坚持以人民为中心的具体体现，只有解决好收入分配问题，保证全体人民在共建共享发展中有更多获得感，不断增进民生福祉，在发展中补齐民生短板、促进社会公平正义，才能确保国家长治久安、人民安居乐业。

（二）这是质量变革、效率变革、动力变革的迫切需要

分配环节是建设现代化经济体系的动力，是推动质量变革、效率变革、动力变革，提高全要素生产率的关键环节之一。人力资源是高质量发展的第一资源，要充分激发人力资源的潜力和动力，必须完善收入分配政策，鼓励劳动者提升综合素质和专业技能，从而不断增强经济发展的内生动力。转变经济发展方式，必须调整优化经济结构，构建扩大内需特别是消费需求的长效机

制。而扩大消费需求的重点是提高居民消费能力，关键是调整国民收入分配结构，增强居民特别是低收入人群消费能力和消费预期。

（三）这是维护社会公平正义及和谐稳定的根本举措

合理的收入分配制度是社会公平的重要体现。收入分配问题是人民群众最关心、最直接、最现实的利益问题。当前，收入分配格局不合理、收入分配差距扩大已经成为社会高度关注的焦点问题，成为影响经济发展和社会稳定的隐患。只有加快收入分配体系建设，调整收入分配格局，规范收入分配秩序，才能使广大人民群众更好地共享改革发展成果，推动社会结构由"金字塔型"向"橄榄型"转变，形成全体人民各尽所能、各得其所而又和谐相处的局面。

（四）这是有效解决新时代社会主要矛盾的关键所在

当前中国特色社会主义已经进入新时代，我国社会主要矛盾已经转化为人民日益增长的美好生活需要和不平衡不充分的发展之间的矛盾。不平衡不充分问题在收入分配领域的表现较为突出，城乡之间、地区之间和不同群体之间的收入差距依然较大，城乡居民持续增收存在一定困难，中低收入群体在经济结构调整过程中面临较大增收压力。要有效解决新时代社会主要矛盾，必须不断优化收入分配格局，在经济平稳增长的基础上，促进居民收入持续提高，健全公共服务体系，缩小收入分配差距。

第二节　我国收入分配体系的现状和主要问题

经过改革开放 40 年的探索与实践，我国收入分配体系建设取得了巨大成就，特别是党的十八大以来，城乡居民收入增速超过经济增速，中等收入群体持续扩大，收入分配结构不断优化。同时，也要看到收入分配体系建设仍存在一些亟待解决的突出问题，城乡居民之间、不同区域居民之间、区域内部不同群体之间收入分配差距较大，健全收入分配体系任务依然艰巨。

一、我国收入分配体系建设的主要成就

（一）基本形成了符合社会主义市场经济体制要求的收入分配制度

按劳分配为主体、多种分配方式并存的制度基本确立。我国的分配方式由过去的按劳分配转变为按劳分配为主、多种分配方式并存，劳动、资本、技术和管理等生产要素按贡献参与分配，初步形成了与社会主义市场经济相适应的收入分配制度。初次分配的市场机制基本形成，再分配的调节体系初步建立。在税收调节方面，初步形成了以个人所得税调节为主、以消费税和部分财产税调节为辅的居民收入分配税收调节体系，调节力度不断增强。在社会保障方面，建立了以养老、医疗、失业为主的社会保险体系和以最低生活保障为主的社会救助体系（见图 5-1）。

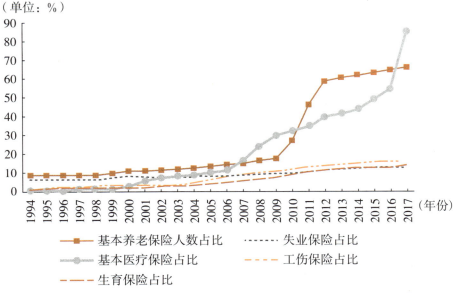

图 5-1　我国社会保障参保人数占总人口比重

资料来源：根据国家统计局数据测算。

（二）提高了资源配置效率，有力促进了经济发展

收入分配制度改革从根本上改变了计划经济体制下平均主义分配的弊端，更好地体现了按劳分配原则，发挥了分配对生产的激励和促进作用，极大地调动了劳动者的生产积极性和创造性。多种生产要素按贡献参与分配，推动了知识创新、技术进步和资本积累，有利于各种资源的合理有效配置，提高了经济效率。据有关数据，1978—2017 年，我国平均每个就业人员创造的国内生产总值已经由 908 元提高到 101231 元，名义上增长了 111 倍（见图 5-2）。同时，随着收入水平的提高，居民消费结构不断调整升级，消费领域不断拓宽，市场需求不断扩大，为促进经济发展提供了动力。

（单位：元／人）

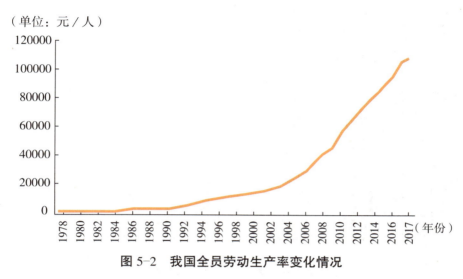

图 5-2 我国全员劳动生产率变化情况

资料来源：国家统计局网站。

（三）城乡居民收入持续较快增长，人民生活水平显著提高

按照国家统计局数据，2013—2017 年，全国居民人均可支配收入由 18311 元增加至 25974 元，年均实际增长 7.4%，比同期国内生产总值 7.1% 的年均增速快 0.3 个百分点，实现了与经济增长同步目标。其中，城镇居民人均可支配收入由 2013 年的 26467 元增加至 2017 年的 36396 元，年均实际增长 6.5%；农村居民人均可支配收入由 2013 年的 9430 元增加至 2017 年的 13432 元，年均实际增长 7.9%（见图 5-3）。

（四）收入分配格局呈现优化趋势，居民收入差距有所缩小

全国居民收入基尼系数在 2008 年达到最高值 0.491 之后，连续 7 年下降，2015 年达到最低值 0.462，近两年有小幅回调，2017 年为 0.467（见图 5-4）。从城乡差距看，2009 年以来城乡居

（单位：元）

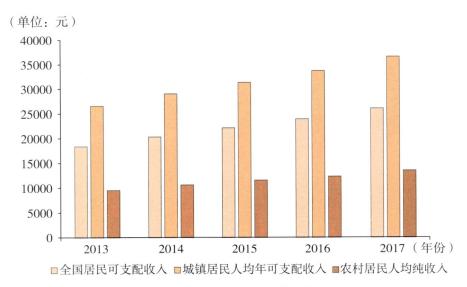

图 5-3　我国居民可支配收入情况

资料来源：国家统计局网站。

图 5-4　我国城乡收入倍差与基尼系数

资料来源：国家统计局网站。

民收入倍差开始持续收窄，2017 年为 2.71，比 2013 年的 2.81 缩小 0.1。

从地区差距看，城镇居民收入最高省份与最低省份之间差距由 2008 年的 2.43 倍缩小到 2017 年的 2.04 倍；农村居民收入最高省份与最低省份之间差距由最高时 2006 年的 4.6 倍缩小到 2017 年的 2.69 倍。从政府、企业、居民三者分配关系看，2008 年前，居民部门收入在国民总收入中的比重总体呈下降趋势，2009 年起这一下降趋势开始扭转，2016 年达到 62.1%。从劳动参与分配的情况看，2008 年和 2009 年劳动者报酬在国民收入中的比重明显回升，2016 年劳动者报酬占国民收入比重达到 52.2%（见图 5-5）。

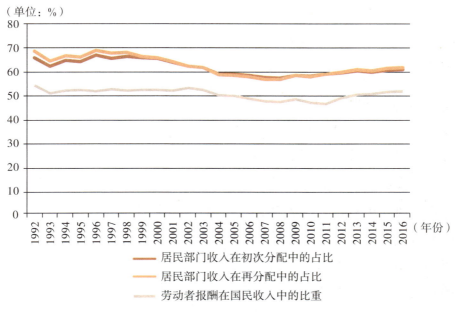

图 5-5　国民收入分配格局变化

资料来源：国家统计局。

二、目前我国收入分配体系存在的主要问题

（一）居民收入可持续增长面临挑战，部分低收入群体增收困难

就业质量和收入水平有待进一步提高。受产业结构调整、信息化、技术升级、"机器换人"等因素影响，部分技能水平较低的群体收入受到冲击。财政收入增速放缓，扩大财政支出提高民生保障水平与财政承受能力的矛盾日益显现，居民转移性收入面临"天花板"压力。随着脱贫攻坚战持续推进，剩余贫困人口致贫原因复杂，脱贫难度更大。从国际环境看，民粹主义盛行、贸易保护主义抬头、反全球化倾向加剧，给我国扩大就业、增加收入也带来不利影响。

（二）居民收入差距存在扩大的风险，财产差距问题较为突出

国际上通常认为，基尼系数处于 0.3—0.4 时表示收入分配比较合理，处于 0.4—0.5 表示收入差距过大，超过 0.5 则意味着出现两极分化。目前，我国居民收入基尼系数仍在 0.45—0.47 的高位区间波动，城乡区域发展和收入分配差距依然较大，未来一段时期收入差距扩大风险仍然存在。从 2015—2017 年全国居民不同组群的收入增速来看，低收入户的收入增速降低，从 2015 年的 9.98% 下降到 2017 年的 7.76%；中等偏上户和高收入户的收入增速最快，且高收入户的收入增速近三年来在逐渐提高，从 2015 年的 7.4% 提高到 2017 年的 9.58%。过去十几年，以房产等为主的财产积累更多地向少数富有群体倾斜，财产差距显著扩大并进一步固化了收入差距。

（三）宏观分配格局有待进一步优化，再分配调节机制还需完善

在政府、企业、居民三者分配格局中，居民收入占比依然偏低，明显低于美国、英国等发达国家（据 OECD 数据，2015 年美国、英国的居民可支配收入占比分别为 75.6%、68.4%）。从再分配情况来看，经过再分配之后我国居民收入占国民收入比重没有明显变化，而政府部门占比增加，企业部门占比降低，企业部门的收入主要向政府部门转移，说明我国企业税负仍有一定降低空间，而政府对居民部门的再分配调节力度还有待加强。间接税员比重偏高，整体税制具有累退性，个人所得税占比偏低、税制设计不合理、财产税不健全。多层次社会保障体系还不完善，保障水平和公平性有待提高。

（四）要素按贡献参与分配的体制机制仍不健全，社会性流动渠道还不通畅

受资源禀赋、要素供求、发展阶段等因素影响，长期以来资本和劳动的回报率失衡，一定程度上存在"人赚钱难、钱赚钱易"的现象。劳动力等市场体系不完善，以户籍、行业、区域和所有制性质形成的体制障碍尚未消除，劳动力自由流动的制度成本依然较高，劳动要素还不能实现充分有效配置。教育、健康等人力资本培育体系还不公平，贫困存在较大的代际传递风险，知识、技术等要素按贡献参与分配制度不健全，促进人力资本积累的激励机制不完善，制约了中等收入群体的持续稳定扩大。资本"脱实向虚"问题较为突出，实体经济部门的投资回报不甚乐观。

第三节　建设体现效率、促进公平收入分配体系的主要任务举措

建设体现效率、促进公平的收入分配体系是适应当前我国发展形势的必然要求。全球化趋势下为有效促进经济持续稳定复苏，各国都在调整优化本国的收入分配体系。我国的产业结构调整、新型城镇化进程、劳动力市场变化为优化收入分配结构提供了重要机遇。

一、完善初次分配制度

（一）坚持按劳分配原则

继续开展城乡居民增收和专项激励计划试点，探索完善促进居民增收的政策举措，增加基层干部、科技人员、技能人才等群体收入，稳步扩大中等收入群体比重。完善多劳多得、技高者多得的技能人才收入分配政策，提高技能人才待遇水平和社会地位，大力弘扬新时代工匠精神，培养高水平大国工匠队伍，带动广大产业工人增技能、增本领、增收入。健全面向全体劳动者的职业培训制度，完善社会化职业技能培训、考核、鉴定、认证体系，加大对技能人才培养的投入。促进企业职工工资合理增长，完善最低工资制度、工资指导线制度、劳动力市场工资指导价位制度和行业人工成本信息指导制度，建立统一规范的企业薪酬调查和信息发布制度，积极稳妥推行工资集体协商制度。完善国有企业工资管理，健全国有企业工资决定机制，改革工资总额确定办法和管理方式，全面实行工

资总额预算管理。建立与企业领导人分类管理相适应、选任方式相匹配的企业高管人员差异化薪酬分配制度，综合考虑当期业绩和持续发展，建立健全根据经营管理绩效、风险和责任确定薪酬的制度。深化机关事业单位工资制度改革，建立公务员和企业相当人员工资水平调查比较制度，完善公务员职务与职级并行制度，适当提高基层公务员工资水平。建立地区附加津贴制度，弥补不同地区的生活成本差异。建立规范的公务员奖金制度，赋予地方一定的分配自主权。建立健全符合事业单位特点、体现岗位绩效和分级分类管理的工资分配制度。

（二）完善按要素分配的体制机制

第一，完善知识要素参与分配机制，改革科研人员分配制度，建立健全以实际贡献为评价标准的科技创新人才薪酬制度，完善有利于科技成果转移转化的分配政策，探索建立科技成果入股、岗位分红权激励等多种分配办法，建立符合科研活动特点的绩效考核评价机制，完善课题经费管理办法。鼓励采取年薪制、协议工资、项目工资等灵活多样的分配形式吸引和留住人才。第二，增加居民财产性收入，加强上市公司监管，明确和落实分红制度，持续回报股东，保护投资者特别是中小投资者合法权益。拓宽居民投资渠道，鼓励商业银行等金融机构研发大众化理财产品，丰富债券基金、货币基金等基金产品，增加居民投资收益。鼓励居民金融资产投向实体经济，支持有条件的企业实施员工持股计划。第三，推进城乡要素双向流动与平等交换，建设城乡统一的建设用地市场，多渠道增加农民集体和个人分享的增值收益、股权收益、资产收益。推进农村集体资产股份权能改革试点，探索将财政资金投入农业农村形成的经营性资产股权量化到户。第四，完善国有资本和公共资源收益分配机制。全面建立覆盖全部国有企业、分级管理的国有资本经营预算和收益分享机制。建立公共资源出让收益全民共享机制，出让收益主要用于公共服务支出。

[案　例]

改革科研人员分配制度：改变重物轻人

中科院长春光学精密机械与物理研究所（以下简称"长光所"），是新中国的"光学摇篮"。曾经，"招不来人""发不出工资""吃大锅饭"一度困扰着年轻的科学家。如今，"收入翻番""轻装上阵""成果倍出"，这一切，都得益于长光所积极推进科研人员收入分配制度改革。

长光所是公益二类事业单位，国家财政实行差额拨款，全所工资总额相对固定。2016年起，长光所实行收入分配制度改革，将研究人员收入进行调整，国家规定的岗位工资与个人职称挂钩的保持不变，重点对绩效工资部分进行调整，调整后，论文、职称与个人绩效脱钩，与科研人员在团队中承担的角色、业绩挂钩，大部分人实现多劳多得，除了绩效工资，科研人员还可以在成果转化方面得到不少收入。考核指标下发到每个部门，部门再下发到团队，团队可以根据每个人的特长再精确划分。比如，擅长写论文的与擅长搞实业的就可以合理分工。改革后，长光所科研人员在各大期刊上发表的论文数量下降了，但影响力不降反升。在成果转化方面，长光所于 2016 年专门出台了相关办法，明确成果收益的 50%—70%归科研团队所有，剩余收益的 50%再返还给管理团队的部门。执行标准高于国家规定，不少科研人员收入大幅提升。改革后，全所 2100 名职工中，35 岁以下青年人才的收入普遍提高。

所里年仅 37 岁的研究人员张舸带领的团队在直径 4 米碳化硅光学反射镜研究上取得重大突破，在国际上实现了技术的弯道超车，所里直接奖励团队 100 万元。这不仅极大地提高了科研人员的收入水平，也激发了科研人员的潜力。

——《人民日报》2017 年 8 月 27 日，第 2 版

二、履行好政府再分配调节职能

（一）正确处理好政府与企业之间的分配关系

合理降低企业税负。继续扩大行政事业性收费免征范围，清理规范涉企收费。加强涉企收费监督管理，坚决取缔违规收费项目。合理提高各项社会保险制度统筹层次，在改变征管方式的前提下确保企业社保负担不增加。重点整治违规增加企业负担的问题。

（二）加强政府对居民收入差距的调节力度

第一，强化税收对收入分配的调节功能。加快推进个人所得税制改革，尽快建立综合与分类相结合的个人所得税制度，增加教育、医疗、养老等专项扣除，合理降低中等收入群体税收负担。开展高净值纳税人识别分析，完善高收入者个人所得税征管。推进房地产税立法。完善鼓励回馈社会、扶贫济困的税收政策，建立慈善捐助减免税制度。第二，加大财政转移支付力度，针对落后地区、重点人群，通过社会政策托底、保护弱势群体等方式加大保障基本民生力度。针对绝对贫困消除后的相对贫困问题，研究建立多维度识别指标体系，精准识别贫困家庭。第三，全面建立多层次社会保障体系。建立企业职工基本养老保险基金中央调剂制度，建立待遇正常调整机制，加快发展职业（企业）年金，鼓励发展个人储蓄性养老保险和商业养老保险。完善统一的城乡居民基本医疗保险制度和大病保险制度，鼓励发展补充医疗保险、商业健康保险。统筹城乡社会救助体系，推进城乡低保统筹发展，确保动态管理下的应保尽保。完善社会救助、社会福利、慈善事业、优抚安置制度，全面提升儿童福利服务水平。

（三）加快推进基本公共服务均等化

完善以涵盖教育、卫生、劳动就业、社会保险、文化体育、社会服务、住房等领域的基本公共服务清单为核心的国家基本公共服务制度，全面建立国家基本公共服务清单，确立基本公共服务标准体系。推进城乡区域间基本公共服务大体均衡，贫困地区基本公共服务主要领域指标接近全国平均水平，广大群众享有基本公共服务的可及性显著提高。着力促进机会公平。构建促进人力资本提升的教育体系，包括更为高质均等的基础教育体系、更符合市场需求的职业教育体系、更具国际竞争力的高等教育体系等。促进就业创业公平，破除劳动力、人才市场壁垒和歧视性政策规定，消除就业歧视政策。建立完善全国

统一的人口信息管理体系，全面实施新型居住证制度，以居住信息为依据，建立健全基础权利平等享有、基本公共服务全国统一、更高水平公共服务差异化待遇的制度体系。

三、规范收入分配秩序

加快劳动保护等法律法规制度建设，制定工资支付保障条例，修订《中华人民共和国劳动合同法》，提高最低工资、社会救助等制度立法层次。推动规范收入分配秩序的法律法规制度建设。加强基础能力建设，在确保信息安全和规范利用的前提下，多渠道、多层级归集居民和非居民个人的收入、财产等相关信息，整合公安、民政、社保、住房、银行、税务、工商等部门信息资源，建立个人、企业、金融机构等第三方机构关于个人收入和财产信息的申报制度，运用大数据和云计算技术，创新收入监测方式方法，提升居民收入信息监测水平。完善居民收入分配相关统计指标，增加群体分类，加快建立电子化居民收入调查统计系统，加强中等收入群体、收入差距、财产差距等评价指标研究，加强国民总收入（GNI）核算和境外净要素收入统计。建立收入分配政策评估体系，借鉴国际经验，引入收入分配微观模拟模型。

❦ 本章小结 ❦

我国基本建立了以按劳分配为主体、多种分配方式并存的收入分配制度，城乡居民收入持续较快增长，收入分配格局呈现优化趋势。但是，仍存在居民收入可持续增长乏力、收入分配差距扩大风险以及宏观收入分配格局有待优化等问题。实现收入分配合理、社会公平正义、全体人民共同富裕是建设现代化经济体系的内在要求。必须坚持按劳分配原则，完善资本、知识、技术、管理等要素按贡献参与分配的体制机制，履行好政府再分配调节职能，缩小收入分配差距，逐步形成更合理、更有序的收入分配格局。

【思考题】

1. 建设体现效率、促进公平的收入分配体系的基本内涵是什么？

2. 近年来我国收入分配体系建设取得了哪些成就？

3. 当前我国收入分配体系存在哪些突出问题？

4. 如何理解"坚持按劳分配原则，完善按要素分配的体制机制，促进收入分配更合理、更有序"？

第六章

建设彰显优势、协调联动的
城乡区域发展体系

习近平总书记指出，要积极推动城乡区域协调发展，优化现代化经济体系的空间布局。我国地域辽阔，城乡之间、区域之间资源条件、地形地貌、风俗习惯等丰富多样，发展条件差异很大，且各具比较优势，很难要求齐头并进，目前城乡区域发展差距依然较大，亟须建设彰显优势、协调联动的城乡区域发展体系，夯实建设现代化经济体系的空间基础。

第一节　城乡区域彰显优势、协调联动是
现代化经济体系的内生特点

中国特色社会主义进入新时代，城乡区域发展面临新形势、新要求、新任务，建设彰显优势、协调联动的城乡区域发展体系具有丰富的实践内涵和现实意义。

一、彰显优势、协调联动的城乡区域发展体系的基本内涵

彰显优势、协调联动的城乡区域发展体系，是指城乡区域发展贯彻新发展理念，适应高质量发展的需要，紧扣人民日益增长的美好生活需要，各自的比较优势得到深度挖掘、精准培育和有效发挥，城乡之间、区域之间优势互补、良性互动。

建设彰显优势、协调联动的城乡区域发展体系，是优化现代化经济体系空间布局的重要举措，要全面把握城乡区域发展条件，科学确定城乡区域发展功能定位，创新并完善有利于推动资源要素合理流动、形成城乡区域统一市场、人口资源环境和经济社会发展相协调、保障国土安全的体制机制和制度体系，实现城乡区域要素配置合理化、基本公共服务均等化、基础设施通达程度比较均衡、人民生活水平大体相当，形成安全高效、公平和谐、宜居永续的城乡融合、区域协调的科学发展格局。

二、建设彰显优势、协调联动的城乡区域发展体系的重要意义

（一）有利于在更大范围内优化资源要素配置，持续解放和发展生产力

资源要素的广域组合重构，是解放和发展生产力的必然要求。东部地区是我国经济发展的发动机和稳定器。中部地区承东启西、连南接北，交通网络发达、生产要素密集、人力和科教资源丰富、产业门类齐全、基础条件优越、发展潜力巨大，在全国

区域发展格局中具有重要战略地位。西部地区是国家重要的生态屏障和能源资源接续地，也是打赢精准脱贫攻坚战、全面建成小康社会的难点和重点，更是我国发展重要回旋余地的巨大潜力所在。东北地区是新中国工业的摇篮和我国重要的工业与农业基地，对维护国家国防安全、粮食安全、生态安全、能源安全、产业安全有着十分重要的战略意义，在全国现代化建设中至关重要。随着信息、交通等基础设施通达程度大幅改善，东部、中部、西部和东北"四大板块"之间以及区域内部经济、文化、要素交流持续密切，不少地区得以在更大市场空间内寻找商机、配置资源。城乡之间资源要素单向流动格局发生改变，双向流动的体制机制开始形成，乡村建设的基础支撑进一步稳固。城乡居民消费需求不断升级，加快推进城乡一体化将带来新的消费和公共服务需求，城镇居民希望农村能够提供高品质的农产品、清洁的空气、洁净的水源、恬静的田园风光等生态产品以及农耕文化、乡愁寄托等精神产品，农村居民希望有稳定的就业和收入，有完善的基础设施和公共服务、可靠的社会保障、丰富的文化活动。

因此，在城乡区域结构不断演化的现实背景下，建设彰显优势、协调联动的城乡区域发展体系，在更广空间尺度上配置资源，在更大程度上调动城乡区域建设发展的积极性，推动资源要素在城乡之间、区域之间合理流动，逐渐向更有效率的经济部门和地区配置，实现城乡区域资源要素重组、结构优化，有利于更有效地激发城乡区域发展潜能，拓展发展空间，释放需求潜力，提高城乡区域发展的整体水平。

（二）有利于挖掘不同区域比较优势，解决发展不平衡不充分问题

城乡之间和不同区域之间由于各自的资源禀赋、所处的环境以及经济发展水平不同，在空间上显现出一定的不平衡性，在发展质量和效益等方面呈现出一定的差异性。不同地区都有自己的比较优势，关键是看能不能把比较优势挖掘出来、发挥出来、交换起来。推动城乡之间和区域之间的互助帮扶、互动合作，促进城乡融合和区域协调发展，是解决发展不平衡不充分问题的重要抓手。建立彰显优势、协调联动的城乡区域发展体系，打破地区封锁、行政分割，使各类区域比较优势立足开放视角得以精准识别、通过区际交换得以有效发挥，发达地区为欠发达地区提供持续健康发展的经验借鉴和智力物力支持，欠发达地区为发达地区拓展转型升级提供发展空间，有利于确保地区间发展差距保持在适度的范围之内，实现城乡区域协调、协同、共同发展，实现区域间优势互补、错位发展、互利共赢，进而加快社会主义市场经济发展进程。

（三）有利于促进社会公平正义，决胜全面建成小康社会和全面建设社会主义现代化强国

全面建成小康社会不能让任何地区、任何人群掉队，社会主义现代化要实现城乡区域发展差距和居民生活水平差距显著缩小、基本公共服务均等化等目标。建立彰显优势、协调联动的城乡区域发展体系，以融合协调发展为主线，以促进区际优势互补和社会公平正义为导向，以城乡区域基本公共服务均等化、基础设施

通达程度比较均衡、人民生活水平大体相当为基本目标，推动城乡融合、区域协调实现更高质量、更有效率、更加公平、更可持续的发展，将有力支撑全面建成小康社会和全面建设社会主义现代化强国。

第二节 我国城乡区域发展的现状和主要问题

当前，我国城乡区域发展正在发生新的变化，城乡之间、区域之间的互联互通水平日益提升，要素流动日益增多，发展的融合度和协调性日益增强，但与此同时，促进城乡融合和区域协调发展仍面临诸多严峻挑战，仍存在一些亟待解决的矛盾和问题。

一、城乡融合发展的现状和问题

长期以来，由于户籍、土地制度改革滞后等因素影响，我国形成了城乡二元发展格局，乡村发展明显落后于城镇。党的十八大以来，我国坚持把解决好"三农"问题作为全党工作重中之重，着力推动新型工业化、信息化、城镇化、农业现代化同步发展，城乡发展一体化迈出新步伐，城乡发展协调性、互动性明显增强，农村居民收入增速连年快于城镇居民，加快补齐农村基础设施、基本公共服务、义务教育等发展短板，加快完善城乡发展一体化体制机制，城乡居民基本医疗和养老制度开始并轨。户籍制度改革走向深入，提供的公共服务项目和质量越来越高，配套政策越来越健全，建立了支持农业转移人口市民化的配套政策体系，城乡融合发展迈出新步伐。

同时，还应该清醒地看到，当前我国发展不平衡不充分的问题在乡村最为突出，农业农村基础差、底子薄、发展滞后的状况尚未根本改变，经济社会发展中最明显的短板仍然在"三农"，现代化建设中最薄弱的环节仍然是农业农村。主要表现在：农村基础设施建设仍然滞后，公共服务水平不高，农村环境和生态问题比较突出，部分地区城乡差距仍在扩大；农业基础薄弱，产业化进程缓慢，重大科技创新突破不足，农业整体竞争力不强，农业发展质量效益亟待提升；村庄空心化、农户空巢化等问题不断加剧。

城乡发展不平衡不充分的深层次原因在于长久以来的城乡二元分割体制尚未根本转变，城乡融合发展的体制机制和政策体系尚未建立。农村产权模糊制约了权能释放和价值显化，城乡土地权能长期不平等，农村土地无法通过市场实现充分流转，土地增值收益在城乡之间分配严重不公，导致农村建设用地大量空置闲置和隐性流转；农村土地承包经营权、宅基地使用权等确权颁证工作尚未全面完成，农村集体资产产权归属不清晰、权责不明确、保护不严格，集体经济组织成员资格认定和收益分配权量化到户等改革还在探索之中，部分地区集体资产产权虚置、经营收益不清、分配不公开等问题比较突出；城乡抵押权利不平等，农村宅基地使用权、地上经济作物、养殖的猪羊等，不能作为抵押标的物。城乡公共资源配置失衡，城乡公共产品供给机制存在典型二元分割特点，城市基础设施和教育医疗等公共事业几乎全部由国家财政投入，而农村公益事业除部分由政府财政投入外主要依靠农民自己。城乡社会治理体系和融合发展机制不健全，一些农村基层党组织软弱涣散，农村社会治理陷入自治弱化、法治缺位、德治不彰的困难局面，村民大会"会难开、事难议"，情理大于法；大量农业转移人口进入城市后，无法融入城市社会治理体系，城市中形成了二元社区治理格局，弱化了农业转移人口对城市的认同感和归属感，埋下社会治理隐患。

二、区域协调发展的现状和问题

长期以来，我国东部地区发展快，中、西部和东北地区发展较慢。2006年以来，我国区域经济增长格局发生了积极的变化，中、西部地区发展速度明显加快，东部地区"一马当先"的增长格局逐渐被扭转。党的十八大以来，随着"一带一路"建设、京津冀协同发展、长江经济带发展等重大战略深入实施，粤港澳大湾区建设开始启动，西部大开发、东北地区等老工业基地振兴、促进中部地区崛起持续推进，2013年至2017年，中部和西部地区经济年均分别增长8.2%、8.4%，均高于东部地区7.7%的增长水平，东北地区振兴取得重要成果且积极向好发展因素不断积累，区域发展呈现出协调性不断增强、格局不断优化、活力竞相迸发的良好局面。

在看到成绩的同时，也要看到促进区域协调发展任务仍然艰巨繁重，发展不平衡不充分的一些突出问题亟须解决，协调发展质量有待提高。主要表现在：中、西部地区与东部地区人均地区生产总值绝对差距仍在持续拉大，中、西部地区基础设施落后、生态环境脆弱的瓶颈制约仍然存在，加之贫困面广量大程度深，基本公共服务水平较低，与东部相比还存在较大差距，加强民族团结、维护边疆稳定的任务仍然繁重；中、西部地区工业结构以能源化工、资源加工为主，处于产业链前端，面临着既要加快发展，又要转型发展的双重压力；东北地区在经济结构、开放合作、思想观念等方面，还存在一些深层次体制性、机制性、结构性问题，这些问题已成为我国众多传统产业比重较高、资源型经济比重较高地区向高质量发展转型面临的共性问题。

区域发展不平衡不充分的深层次原因在于更加有效的区域协调发展新机制尚未形成。全国统一市场尚未建立，以行政区为基础单元的发展仍然没有得到根本改变，由此导致的地区封锁、市场分割的状态仍然在一定范围内存在，造成了低水平的供给和产能过剩。区域治理体系尚未健全，区域间无序竞争和低水平重复建设依然存在，资源开发与利用、生态环境保护与补偿、生产要素流动与交易等方面的利益关系调整还缺乏科学、成熟的制度规范。科学评价体系尚未形成，能够精准、全面反映区域协调发展的指标体系、标准体系、统计体系等仍未有效建立，针对不同功能定位区域的差别化考核评价制度还不健全。

第三节　建设彰显优势、协调联动城乡区域发展体系的主要任务举措

建设彰显优势、协调联动的城乡区域发展体系，要实施好新型城镇化战略、乡村振兴战略、区域协调发展战略，塑造城乡融合、区域协调发展新格局。

一、实施新型城镇化战略和乡村振兴战略，推动城乡融合发展

（一）深入推进新型城镇化

第一，以人民为中心，推进农业转移人口市民化，以还原户籍的人口登记功能为目标，深化户籍制度改革，加快放开放宽大中城市落户限制，优先解决农村学生升学和参军进入城镇的人口、在城镇就业居住 5 年以上和举家迁徙的农业转移人口及新生代农民工落户问题，确保落户居民平等享受城镇基本公共服务，更好融入城市文明。推动居住证覆盖全部未落户城镇常住人口，逐步提高居住证"含金量"。细化落实"人地钱挂钩"政策，加大对吸纳农业转移人口较多市县的财政和土地支持，完善相关激励机制。第二，以城市群为主体，构建大中小城市和小城镇协调发展格局。全面实施城市群规划，强化中心城市辐射带动作用，加快培育城市群内中小城市。将结构更紧凑、联系更紧密的都市圈作为城市群建设的突破口，强化交通设施互联互通、公共服务共建共享、创新资源高效配置，打造同城效应明显的通勤圈。优化行政区划设置，把具备条件的县、镇有序改市。推进经济发达镇行政管理体制改革，扩大经济社会管理权限，推进特色小镇和小城镇健康有序发展。第三，以防治"城市病"为重点，提高城市可持续发展能力。补齐城镇基础设施短板，加快棚户区改造，提高城市供排水、供热、燃气普及率及公共交通出行分担率。持续提升公共服务水平，让城乡居民享有更好的教育、更高水平的医疗卫生服务、更稳定的工作、更可靠的社会保障，推动公共服务从按行政等级配置向按常住人口规模配置转变。提高城市绿色、智慧、人文发展水平。第四，加快建立多主体

供给、多渠道保障、租购并举的住房制度，发展住房租赁市场，保护租赁利益相关方合法权益，扩大保障性住房有效供给，完善政府保障性住房准入退出机制。健全房地产调控长效机制，建立符合国情、适应市场的城镇住房基础性制度。

（二）有序推进乡村振兴

实施乡村振兴战略是以习近平同志为核心的党中央从党和国家事业全局出发、着眼于实现"两个一百年"奋斗目标、顺应亿万农民对美好生活的向往作出的重大决策，是决胜全面建成小康社会、全面建设社会主义现代化国家的重大历史任务，是新时代做好"三农"工作的新旗帜和总抓手。以产业兴旺为重点推动乡村产业振兴，

乡村振兴战略规划（2018—2022年）系列图解之总揽

实施质量兴农战略，加快构建现代农业产业体系、生产体系、经营体系，推动农业由增产导向转向提质导向。深入实施藏粮于地、藏粮于技战略，提高农业综合生产能力，保障国家粮食安全和重要农产品供给。培育农村新产业新业态，推进农村一二三产业融合发展，推动传统种养向农产品加工流通延伸，推动农业功能向生产生活生态拓展。以人才为支撑推动乡村人才振兴，全面建立职业农民制度，大力实施新型职业农民培育工程。加强农村专业人才队伍建设，全面建立高等院校、科研院所等事业单位专业技术人员到乡村和企业挂职、兼职和离岗创新创业制度，鼓励社会人才投身乡村建设。以乡风文明为保障推动乡村文化振兴，深入实施公民道德建设工程，深入挖掘、传承、保护和弘扬优秀传统农耕文化，倡导乡村文明新风尚，完善农村公共文化服务体系，提供更多更好

的农村公共文化产品和服务，繁荣发展乡村文化。以生态宜居为关键推动乡村生态振兴，统筹山水林田湖草系统治理，实施重要生态系统保护和修复工程，健全耕地草原森林河流湖泊休养生息制度，开展农业绿色发展行动，建立市场化多元化生态补偿机制，加强农业农村突出环境问题治理，扎实推进农村人居环境整治，建立健全长效机制。以治理有效为基础推动乡村组织振兴，加强农村基层党组织建设，深化村民自治实践，创新农村基层管理体制机制，加快建设法治乡村，着力提升乡村德治水平，大力建设平安乡村，进一步增强农民的获得感、幸福感、安全感。

[延伸阅读]

浙江推进"千村示范、万村整治"工程

旅游部门近年多次在全国游客中调查：乡村旅游首选哪里？浙江得票数总是名列前茅。的确，在这块土地上，城乡真正实现了"无缝对接"！走进农村，"公共交通到村头，硬化路面到地头，超市到门头"。这里冷冷流淌的溪水，清澈见底，惹得你想掬起喝上一口；这里清冽的空气，被花草的芬芳浸透，诱得你想敞开胸腔劲吸。

说起农村的蜕变，村民们不约而同地提到时任浙江省委书记习近平同志。去基层、看实情，是习近平同志一贯的工作方法。刚到浙江的118天里，他就跑

了 11 个市、25 个县，为了多看几个点，不断压缩吃饭时间——匆匆扒几口，立刻赶往新考察点。通过大量调研，习近平同志发现了当时浙江发展的一大问题：改革开放以来，浙江工业化、市场化、城镇化迅猛发展，经济水平跃居全国前列，但浙江农村经济社会发展不协调的问题依然存在，"平均数不是大多数"，农村群众的生活质量并没有相应提高，环境脏乱差现象普遍存在，城乡差距扩大的趋势没有根本扭转。习近平同志指出，从调研看，群众对整改农村环境的意愿十分强烈。

2003 年 6 月 5 日，"千村示范、万村整治"工程在浙江省拉开序幕，即从全省选择 10000 个左右的行政村进行全面整治，把其中 1000 个左右的中心村建成全面小康示范村。自 2003 年该工程推出以来，浙江省历届党委、政府一张蓝图绘到底，一任接着一任干，一年接着一年抓，终于造就了"绿富美"的人间天堂。

"千村示范、万村整治"工程坚持因地制宜。在各地有序开展"千村示范、万村整治"工程时，习近平同志强调，浙江的自然差异和经济差异较大，不要"一刀切"；山区、平原、丘陵、沿海、岛屿各不一样，发达地区和欠发达地区、城郊和纯农业村庄也不一样，加快村庄整治和环境建设，不能盲目崇洋、崇大、崇快；不能千篇一律，必须因地制宜。

"千村示范、万村整治"工程坚持正确处理保护历史文化与村庄建设的关系。浙江人文底蕴深厚，许多古建筑、古村落都深藏在农村中。开展"千村示范、万村整治"工程，建设与保护的关系该怎么处理？习近平同志提出，实施"千村示范、万村整治"工程，要正确处理保护历史文化与村庄建设的关系。要对有价值的古村落、古民居和山水风光进行保护、整治和科学合理地开发利用，使传统文明与现代文明达到完美的结合。

"千村示范、万村整治"工程坚持以业为基。村子有产业，村民有就业，"千村示范、万村整治"工程才能走得远。习近平同志指出，"千村示范、万村整治"工程只有以业为基，才有持久生命力。要把村庄整治与发展经济结合起来，走出一条以城带乡、以工促农、城乡一体化发展的新路子，不断增强城市对农村的带动作用和农村对城市的促进作用。欠发达地区要脱贫，离不开产业发展。

"千村示范、万村整治"工程坚持以人为本。习近平同志指出：实施"千村示范、万村整治"工程，越往后越难，靠一家一户解决不了，只靠干部的力量也不够，必须由党委、政府牵头，各部门广泛参与；要加大财政支持的力度，也要充分调动广大农民群众的积极性，引导千百万农民为建设自己的美好家园和幸福生活而共同努力；要坚持以人为本，遵循客观规律，尊重农民意愿，推进包括整治村庄环境、完善配套设施、节约使用资源、改善公共服务、提高农民素质、方便农民生产生活在内的各项建设，加快传统农村社区向现代农村社区转变。

2008年开始，"千村示范、万村整治"工程从前期的示范引领阶段进入整体推进阶段，以示范村为标杆，浙江所有乡村都广泛行动起来，牢牢遵循习近平同志"把以发展强村作为新农村建设的第一要务"指示，继续把助农增收贯穿工作的始终。从2012年起，"千村示范、万村整治"工程进入深化提升阶段。浙江在推进"四美三宜二园"的美丽乡村建设同时，又把"加强公共服务"和"推动以文化人"当作"千村示范、万村整治"工程的两翼，在农村大力推进文化礼堂建设，完善农村公共文化服务，丰富群众精神文化生活。整合过去的旧祠堂、大会堂、闲置校舍等，改建成文化礼堂，内设"好人榜""寿星榜""模范榜"等，乡约村规上墙，好人好事上榜，内容既乡土又生动。文化礼堂，既传承了乡土文化，又弘扬了现代文明。目前，浙江已建成7477个农村文化礼堂，有工作指导员2000余人，文化礼堂管理员8000多人，志愿者10000多人。

新时期，"千村示范、万村整治"工程在浙江实践中，又被赋予了新的内容。继续扎实做好"千村示范、万村整治"工程，开展农村环境整治的同时，进一步聚焦农民办事难等问题，推动农民办事更便捷、生活更美好。

浙江全面推进"一窗受理"向县、乡、村延伸、下移，农民生活更便捷。现在，"在线咨询、网上申请、快递送达"办理模式已在浙江全面推广，群众足不出户就能把事情办好。浙江大力构建以县城为龙头、中心镇为节点、中心村为基础的城乡一体化公共服务体系，推动教育科技、培训就业、医疗卫生、社会保障、文化娱乐、商贸金融等服务向农村延伸，目前已基本形成了以中心村为主要平台的30分钟公共服务圈。

得益于"千村示范、万村整治"工程，对"物质富裕精神富有"的"两富"，浙江有了更深层次的理解。

"千村示范、万村整治"工程带来了环境改变，环境也在潜移默化中提升着人的素质："礼让斑马线"发端于杭州，如今已普及全国上下。

"千村示范、万村整治"工程成风化人，带来了文明和谐，也让浙江有了更深层次的美——连续10多年，浙江群众安全感满意率均在95%以上！

"感谢习近平同志。'千万工程'是实实在在的民心工程！"浙江百姓这样评价。

启示：

人民群众最关心什么，就做什么！一切工作的出发点，始终都是为了人民。只要充分尊重农民的自主选择，就能赢得理解、支持和主动参与。

牢牢遵循习近平同志对"千村示范、万村整治"工程的指导，浙江历届党委、政府坚持一张蓝图绘到底，久久为功不停步，推动"千村示范、万村整治"工程从示范引领到整体推进，再到深化提升。浙江15年间的生动实践和成功经验，坚持规划引领、坚持稳扎稳打、坚持群众视角，对当前我国建设美丽中国、实施乡村振兴战略具有参考意义。

——《人民日报》2018 年 4 月 25 日，第 6 版

（三）破除二元体制重塑城乡关系

注重规划先行、突出重点、分类施策、典型引路，以完善产权制度和要素市场化配置为核心，清除阻碍要素下乡的各种障碍，加快形成工农互促、城乡互补、全面融合、共同繁荣的城乡发展新格局。把城乡作为一张图描绘、一盘棋布局，推动农村开门借力，善用城市庞大消费需求和各类人才、技术、资本、商业模式，制定市民下乡消费促进政策，创新产业融合发展引导政策，合理引导城市产业和消费向乡村延伸转移，让愿意在农村的人过得安心；推动城市敞开大门，顺应农民进城大趋势，实行人才上山下乡激励政策，实现能人跟着政策走、老乡跟着能人走，让进城的农民进得放心。改革完善城乡一张图的规划体制，建立城乡统一的建设用地市场，健全农村土地管理制度，完善承包土地所有权、承包权、经营权"三权"分置制度，探索农村宅基地所有权、资格权、使用权"三权"分置，深入推进农村集体产权制度改革，盘活农村土地等资产。健全金融支农组织体系，创新金融支农产品和服务，搭建城乡普惠的金融服务体系。完善城乡人口迁徙制度，健全城乡均衡的公共资源配置机制。

二、实施区域协调发展战略，推动区域协调协同共同发展

（一）深入实施区域发展重大战略

以疏解北京非首都功能为"牛鼻子"推动京津冀协同发展，建立健全有效引导北京非首都功能疏解的内生动力机制；高质量规划建设雄安新区；推动北京城市副中心规划建设取得新突破；以打赢蓝天保卫战为重点加强区域生态环境保护，让老百姓感受到京津冀协同发展带来的实惠；以交通一体化为重点扎实推进重大基础设施建设，为京津冀协同发展提供坚强支撑。以共抓大保护、不搞大开发为导向推动长江经济带发展，坚持生态优先、绿色发展，从整体上加强长江流域污染防治，扎实推进水污染治理、水生态修复、水资源保护"三水共治"；打造黄金水道，发展铁水、空铁等多式联运，加快构建综合立体交通走廊；推动沿江三大城市群错位发展，全面提升流域经济发展质量和可持续发展能力。推动长江三角洲区域一体化发展，使之成为我国发展强劲活跃的增长极，更好为全国改革发展大局服务。推进粤港澳大湾区规划建设，打造世界级城市群，建立与国际接轨的开放型经济新体制，建设高水平参与国际经济合作新平台，构筑丝绸之路经济带和 21 世纪海上丝绸之路对接融汇的重要支撑区；以粤港澳大湾区建设等为重点，全面推进内地同香港、澳门互利合作。推进海南全面深化改革开放，建设自由贸易试验区和中国特色自由贸易港，打造全面深化改革开放试验区、国家生态文明试验区、国际旅游消费中心、国家重大战略服务保障区。

[延伸阅读]

千年大计雄安新区的设立是历史和现实的选择

设立雄安新区，是构建区域发展新增长极的历史选择，更是经过科学研究、反复比较、严格论证后所做出的现实选择。

从我国发展历史来看，珠三角和长三角地区是非常重要的两个增长极，它们与深圳经济特区和上海浦东新区相互拉动，相得益彰。北方虽然有京津冀城市圈，但北京有强大的虹吸效应，不仅落下了交通拥堵、雾霾锁城、房价居高不下等大城市病，也与周边地区形成了巨大的发展落差。有人曾用这样一句顺口溜来形容这种状况，即北京吃太饱、天津吃不饱、河北吃不着。设立雄安新区，以更高效的资源配置，为21世纪中国的发展构建一个新的区域增长极，可谓恰逢其时，是历史的选择。

建设一座以新发展理念引领的现代新型城区，承接北京疏解的非首都功能，距离不能太远，也不能太近，在河北是非常合适的。然而，为何是雄安？从地理位置看，雄安新区与北京、天津正好形成等边三角形，可以与周边几个大城市形成半小时通勤圈。而且，该区域地处华北平原和湖泊湿地，资源环境承载力相对较强。此外，新区所涉及的三县人口密度低、开发程度低，发展空间充裕，如同一张白纸，具备高起点高标准开发建设的基本条件。设立雄安新区，是从实际出发，经过科学研究、反复比较、严格论证后做出的现实选择。

"如果你只注意到'非首都功能疏解的集中承载地'而忽视'贯彻落实新发展理念的创新发展示范区'这一句，就会看不到雄安新区设计初衷的根本所在。"有外国媒体一语点出了雄安新区对国家发展的独特意义。站在这样的角度看，雄安新区的建设确实是重大的历史性战略选择，是千年大计、国家大事，需要以"世界眼光、国际标准、中国特色、高点定位"来建设。

雄安新区作为我国未来发展大棋局中的一枚关键落子，不仅能为加快构建京津冀世界级城市群积累发展优势，带动冀中南乃至整个河北的发展，形成新的区域增长极，还肩负着探索人口经济密集地区优化开发新模式、打造全国创新驱动发展新引擎的重大历史责任。对雄安新区而言，无论是建设绿色生态宜居新城区、创新驱动发展引领区，还是建设协调发展示范区、开放发展先行区，都是前所未有的探索和实践。

这个未来的发展高地，所面临的京津冀区域关系之复杂、人口集聚之众、经济落差之大、文化背景之深，在全世界都难有参照，但只要坚持高标准、高起点，一张蓝图绘到底，一茬接着一茬干，我们一定能建设出一个经得起历史检验的雄安新区，为子孙后代留下有价值的历史遗产。

——《人民日报》2017年4月12日，第5版

（二）继续推进"四大板块"协同发展

强化举措推进西部大开发形成新格局，持续深化简政放权、放管结合、优化服务改革，营造良好营商环境；完善开放基础设施，建设好内陆开放型经济试验区、沿边重点开发开放试验区等开放平台，进一步融入"一带一路"建设；以完成深度贫困地区脱贫任务为重点，扶持老少边贫和农村地区加快发展；稳步扩大退耕还林还草、退牧还草等生态工程建设。深化改革加快东北等老工业基地振兴，加大转变政府职能、国有企业、重大工程融资等专项改革力度，加快形成同市场更紧密对接、充满内在活力的体制机制；加快促进装备制造等优势产业提质增效，大力发展以生产性服务业为重点的现代服务业，加快发展现代化大农业；支持资源型地区经济转型发展，加快解决社会民生和生态环境方面的历史遗留问题，深入实施独立工矿区改造搬迁试点，持续推进全国采煤沉陷区综合治理，完善资源型地区可持续发展长效机制。发挥优势推动中部地区崛起，完善交通枢纽网络和物流体系，加快建设贯穿中部地区的高速铁路，推进临空经济示范区建设；依托皖江城市带承接产业转移示范区等平台有力有序承接国内外产业转移、引进技术和人才；推广先进适用农机化技术及装备，加快农业现代化步伐。创新引领率先实现东部地区优化发展，扎实推进山东新旧动能转换综合试验区建设，为促进全国新旧动能转换、建设现代化经济体系提供有益借鉴；统筹推动国家级新区、自由贸易试验区，以及深圳前海、珠海横琴、福建平潭等重大功能平台试行体制机制创新，实现更高水平的创新驱动发展和扩大开放。

（三）加大力度支持革命老区、民族地区、边疆地区、贫困地区加快发展

优先支持老区发展红色旅游，支持跨省区重点革命老区加快振兴。以改善民生、凝聚人心为出发点和落脚点，牢固树立中华民族共同体意识，统筹推进经济发展、社会和谐、文化繁荣、生态文明建设，切实增强对伟大祖国、中华民族、中华文化、中国特色社会主义、中国共产党的认同，实现民族地区稳定发展。治国必治边，支持边境贫困村脱贫攻坚，引导社会资本参与边疆建设，加快改善生产生活条件，切实增强边民的获得感、幸福感和安全感。进一步加大对深度贫困地区和深度贫困群体的精准支持力度，坚持扶贫同扶智、扶志相结合，激发贫困群体脱贫主体意识和内生动力，实现长效稳定脱贫。

（四）坚持陆海统筹加快建设海洋强国

科学发展海洋经济，加强和改善海洋经济发展宏观调控，稳步推进海洋经济示范区建设，科学开发利用海洋资源，加快海洋科技创新及其产业化步伐，优化海洋经济发展空间布局，以创新驱动海洋经济高质量发展，为建设海洋强国奠定坚实基础。强化海洋综合管理，加快"智慧海洋"建设，严格落实海洋生态红线和主体功能区制度，加强对沿海滩涂和海岸线资源保护，严格控制围填海规模，深入实施以海洋生态系统为基础的综合管理。牢固树立海洋意识，切实加强海洋教育与科技普及，增强公民海洋意识。以发展海洋教育与弘扬海洋文化为切入点，激发建设海洋强国的内生动力，提升建设海洋强国的软实力。

（五）建立更加有效的区域协调发展新机制

建立健全区域协调发展的统计指标体系和跟踪评价机制，准确反映和科学评价区域发展的协调性，加强对问题、风险的识别和预判。构建多层次、多领域的区域合作网络，加强战略规划、发展定位、设施体系等方面的全方位对接，建立健全区域协同创新体系和利益分享机制。实行精准对口支援、帮扶，针对欠发达地区的不同发展阶段，坚持问题导向和目标导向相结合，始终紧紧围绕受援群众安居乐业和受援地经济社会持续健康发展，资金项目安排坚持向基层倾斜、向民生倾斜、向重点地区倾斜，增强受援群众的参与度和获得感，提高受援地区内生发展动力和自我发展能力，逐步由受援地单方受益向援受双方共赢深化，建立健全目标责任、规划计划、绩效考核等制度机制，充分发挥各有关方面的积极性、主动性、创造性，形成长效的区域互助机制。推动资源开采地与利用地、农产品主产区与主销区、流域上下游等存在责权利关系的区域之间建立健全市场化、多元化的利益调节机制。

本章小结

我国城乡区域之间发展条件差异很大，具有不同的比较优势。我国城乡区域发展正在发生新的变化，城乡之间、区域之间的互联互通水平日益提升，要素流动日益增多，发展的融合度和协调性日益增强，但同时仍存在一些亟待解决的矛盾和问题。建设彰显优势、协调联动的城乡区域发展体系，要实施新型城镇化战略、乡村振兴战略、区域协调发展战略，深度挖掘、精准培育和有效发挥城乡区域比较优势，促进城乡融合发展、区域良性互动、陆海统筹整体优化，完善现代化经济体系的空间布局，实现城乡区域要素配置合理化、基本公共服务均等化、基础设施通达程度比较均衡、人民生活水平大体相当，塑造城乡融合、区域协调发展新格局。

【思考题】

1. 城乡融合是不是意味着城乡一样化？

2. 实施居住证制度与推进户籍制度改革之间有怎样的内在联系？

3. 促进区域协调发展过程中如何兼顾效率与公平？

4. 新时代如何推进西部大开发形成新格局？

5. 加快东北振兴重点要解决哪些体制性、机制性、结构性问题？

6. 促进老工业城市和资源型城市经济转型在产业转型、城市转型等方面有哪些重点任务？

第七章
建设资源节约、环境友好的绿色发展体系

　　绿色发展是以人与自然和谐为目标的经济社会发展方式。习近平总书记指出，绿色发展是构建高质量现代化经济体系的必然要求，是解决环境污染问题的根本之策。要建设资源节约、环境友好的绿色发展体系，实现绿色循环低碳发展、人与自然和谐共生，牢固树立和践行绿水青山就是金山银山理念，形成人与自然和谐发展新格局。

第一节　资源节约、环境友好是现代化
经济体系的重要标志

　　习近平总书记多次强调"绿水青山就是金山银山"，指出"要正确处理好经济发展同生态环境保护的关系，牢固树立保护生态环境就是保护生产力、改善生态环境就是发展生产力的理念，更加自觉地推动绿色发展、循环发展、低碳发展，决不以牺牲环境为代价

去换取一时的经济增长"。这些重要论述，科学阐述了经济发展与资源、环境、生态保护的关系。

一、资源节约、环境友好的绿色发展体系的基本内涵

纵观世界发展史，对人与自然关系的探讨和论证始终没有停止过。西方发达国家在工业化阶段经历了环境污染公害等问题，引起了各国对人与自然关系的反思。马克思、恩格斯提出人和自然应该是有机统一的，并且这种统一随着时代发展不断改变。自 1987 年世界环境与发展委员会首次提出可持续发展概念，到 2015 年联合国通过《2030 年可持续发展议程》，可持续发展的理念在全世界范围内得到了认同。从我国情况看，随着生态环境问题的日益突出，转变发展方式刻不容缓，绿色发展作为推进生态文明建设的基本途径，已成为经济社会持续健康发展的重要方向和主要目标，成为全民共识。党中央高度重视绿色发展，党的十八大、十九大均作出了明确部署和要求，强调这既是顺应国际发展潮流，也是立足国内基本国情，是从根本上协调人与自然的关系、转变发展方式，从而实现中华民族乃至全人类的永续发展。资源节约、环境友好的绿色发展体系符合以下主要特征：

第一，生态环保。我国传统经济发展道路伴随着资源过度消耗、环境严重污染，形象地说是"黑色经济"或"褐色经济"，建立绿色发展体系就是要"去黑存绿增绿"，使生产和生活方式建立在资源能支撑、环境能容纳、生态受保护的基础之上，对经济存量实施绿色化改造，对经济增量进行绿色构建，不断培育壮大绿色发展的新动能。

第二，节约高效。绿色发展要求落实节约优先战略，推动供需双向调节、差别化管理，全面大幅度提高能源资源利用效率，强化资源的循环利用，以最少的资源消耗支撑经济社会发展。要提高生产效率、经济效率、资源效率，实现资源效率的最大化。

第三，清洁低碳。绿色发展要求生产、流通、消费全生命周期的清洁化，产品生产、加工、运输、消费的全过程对人体、环境无损害，或损害降至较低水平。同时尽可能减少对碳基燃料的依赖，推进能源生产和消费革命，持续提高清洁能源、可再生能源在能源消费中的比重，有效减少温室气体排放。

第四，科学发展。绿色发展要求发展符合自然规律和经济社会规律，增长的速度、扩张的规模、结构比例、发展过程都要科学合理，对资源环境的开发利用要科学适度，经济社会发展与自然要和谐共生。

第五，安全经济。绿色发展要求经济社会发展过程中的资源、环境、生态风险可控。建设绿色发展体系涉及的结构调整、技术应用、产业业态、模式创新的"投入—产出"比，应与所处发展阶段的水平相适应，经济效益、社会效益与环境效益相得益彰。

具体来看，建设资源节约、环境友好的绿色发展体系可以从推动绿色技术创新、完善绿色金融、发展绿色产业、鼓励绿色消费、重视完善生态环境治理等方面来开展。

第一，推动绿色技术创新。科技创新是推动绿色发展的源动力，应始终把绿色技术创新、成果转化和推广应用放到绿色发展的首位，引领发展方式转变和产业结构调整，从根本上提升资源能源利用效率，降低发展的生态环境成本。

第二，完善绿色金融。要推动资本要素、金融政策和工具向绿色发展集聚，引导和激励更多的社会资本投入到绿色科技创新和绿色产业发展，丰富绿色金融产品及业态，满足绿色发展多元化、多方面的金融需求。

第三，发展绿色产业。绿色产业是绿色发展的关键主体，应根据地区实际和产业、人才、科技及生态环境特点，发展特色绿色工业、绿色农业、绿色服务业，推动传统产业绿色化升级改造，科学布局和发展战略性新兴产业，实现产业绿色发展。

第四，鼓励绿色消费。从需求侧管理推进绿色消费模式的转变，可带动上游绿色产业发展、促进生产过程绿色化，对推动绿色发展作用巨大。绿色消费包含三个层次，引导消费者简约适度消费，倡导消费者和企业选择环境友好型产品，在消费和产品生产销售时关注相关废弃物的处置，从全生命周期角度带动生产、流通及废弃物处理全过程的资源节约、环境友好。

第五，重视完善生态环境治理。把生态环境保护作为绿色发展的出发点和落脚点，在保护中发展，在发展中保护。把生态环境承载力纳入发展的约束条件，强化生态环境治理能力和体系建设，严格法规、标准约束，完善工作方式，引领和倒逼发展方式绿色化，规范

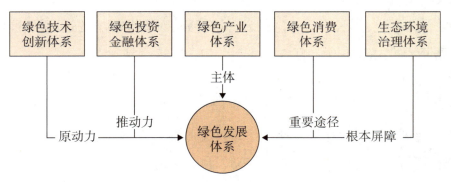

图 7-1　绿色发展体系的五个组成部分

资料来源：清华大学制作。

政府、企业、居民等主体各类行为，加快生态修复和污染治理，实现人与自然和谐共生。

二、绿色发展、循环发展、低碳发展的关系辨析

针对我国经济社会发展进程中环境污染、资源约束、应对气候变化等严峻挑战，党中央明确将绿色发展、循环发展、低碳发展作为推进生态文明建设的基本途径。三者取向一致、内涵关联，但又有各自的侧重点和突破口。

（一）三者在取向上一致

三者均强调通过经济发展方式的转变，实现经济社会发展与资源环境生态的协调。经济社会中的生产、流通、消费等各类活动，均要充分考虑资源环境的承载能力，尽可能地节约资源，不断提高资源能源利用效率；尽可能地减少污染物和温室气体排放量。对于物质、能量的转化过程，均需要采取综合性、全程性、预防性的措施，实现低投入、少排放、高效利用、循环利用，达到废物最少化、资源化、无害化，降低经济社会活动对资源环境的过度消耗及其带来的生态环境影响。

（二）三者各有其侧重点、突破口和发展目标

绿色发展的内涵比较广泛，狭义的绿色发展强调以保护优先、资源节约和环境友好的方式推动发展，处理好发展与保护的关系，形成节约资源和保护环境的产业结构、生产方式和生活方式，用较小的资源环境代价支撑经济社会持续健康发展。循环发展的基本理

念是"没有废物，废物是放错地方的资源"，实质是解决资源"从摇篮到摇篮"的永续利用，并解决资源消耗引起的环境污染问题。低碳发展是以低碳排放、逐步实现去碳化为特征的发展，主要通过节能提高能效、发展可再生能源和清洁能源、增加森林碳汇等，降低能耗强度和碳强度，实质是解决能源安全和应对气候变化问题，对于我国而言，还可以相应解决由于使用化石能源（特别是煤炭）造成的环境污染等问题，表现为以低碳排放为特征的发展。

三、新时代建设绿色发展体系的重要意义

（一）有助于增强我国经济社会的可持续发展能力

绿色发展体系的建立将从根本上改变高投入、高消耗、高污染、高排放的传统发展模式，资源环境承载能力成为发展的重要先决条件，加快形成绿色生产和生活方式，推动经济增长、社会进步朝着更可持续的方向发展。

（二）有助于推动形成新的经济增长点

建设绿色发展体系要求大力推动绿色科技创新，大力推动传统动能绿色化改造，壮大发展节能环保、清洁生产、清洁能源、生态有机农林业等绿色产业，加快建立绿色低碳循环发展产业体系。这些方面都蕴藏着巨大的绿色发展动力，有利于形成国民经济新的增长点。

（三）有助于增进人民群众的"绿色福利"

人民群众对良好生态环境抱有更高期待。通过建立绿色发展体

系，有效降低发展对生态环境产生的负面影响，并持续扩大绿色产品、生态服务的供给能力，将不断增强人民群众在生态环境改善上的获得感。

（四）有助于提升国际竞争力

当今世界，绿色发展已经成为各国争夺经济、产业、技术制高点的重要领域和手段，谁掌握了先机，谁就掌握了主动权。建立绿色发展体系，在绿色发展中逐步提升绿色产业、绿色技术、绿色金融的发展水平，形成新的绿色综合国力，是我国建设社会主义现代化强国的重要内容，同时为促进全球生态文明建设提供中国方案。

第二节　我国绿色发展体系的现状和主要问题

党的十八大以来，以习近平同志为核心的党中央把生态文明建设摆在改革发展和现代化建设全局的重要位置，坚定贯彻新发展理念，不断深化生态文明体制改革，开创了生态文明建设、加快绿色发展的新局面。绿色发展不只是思路，更是出路，我国绿色发展取得积极进展，也面临一些问题。

一、绿色发展支撑技术现状及问题

近年来，国家加大绿色科技投入力度，投入专项资金支持大气污染成因与控制、固废资源化、煤炭清洁高效利用等一批重大技术的研发与推广，我国绿色技术创新取得积极成效，一些关键共性技术取得突破，一批先进适用技术得到推广应用。历经四十余年的自主发展和技术引进，我国已基本形成涵盖从源头（工业生产、居民生活）到末端（污染治理、生态修复）的绿色技术体系，包括能源技术、材料技术、催化剂技术、分离技术、生物技术、资源回收及利用技术等。同时，我国定期更新国家重点节能低碳等相关绿色技术的推广目录，制定节能减排目标，在能源、工业、建筑、交通、农业、林业、海洋等重点领域大力推广先进适用的绿色技术。

但总体而言，我国目前还存在绿色技术市场规模较小，企业创新能力不强、动力不足，部分重大关键技术装备依赖进口，研发成果转化应用不充分等问题，绿色技术创新对绿色发展和生态文明建设的支撑力度不够，成为提供更多优质生态产品、满足人民日益增长优美生态环境需要的瓶颈。绿色技术在生产、生活环节的应用与推广仍然相对迟缓，比如在节能建筑、城市垃圾处理等领域较少利用合理的绿色技术，尚未形成健全的绿色保护体系。绿色技术创新不能够完全满足绿色发展需求，绿色技术创新主要集中在末端治理上，还不能够实现对物质流、信息流、能量流的全面覆盖。

二、绿色发展相关产业现状及问题

绿色发展相关产业既包括节能环保、清洁生产、清洁能源等新兴产业，同时也包括对传统产业的改造与升级。只有两方面兼顾，才能让产业真正"绿"起来，才能有效突破资源环境瓶颈制约，成为支撑我国经济绿色发展的重要支柱。近年来，我国节能环保产业、清洁生产产业、清洁能源产业不断壮大，节能环保产业产值年均增速达到 15% 左右，已经成为我国绿色低碳循环经济体系新的增长点，传统产业绿色化改造也取得积极进展。

但也要看到，与国际先进水平相比，我国在诸多方面还存在明显差距。绿色产业集中度普遍偏低，大型龙头企业国际竞争力、综合竞争力不强。市场机制不健全，激励约束机制不完善，支撑绿色产业发展的法规标准体系尚不健全，政策稳定性和配套性不够，法规、政策、标准落实不到位，评价监督机制不完备、不完善。

三、绿色发展相关政策机制现状及问题

将绿色发展真正落到实处，需要体制机制和政策措施的推动与保障。"绿色发展"作为单独章节写进了国民经济和社会发展规划，一系列支持节能减排、绿色发展的政策措施陆续出台，体制机制也在不断完善。这些对助推经济产业转型、加快生态文明建设起到了积极的作用。

但也要看到，绿色发展激励到位、约束力强的制度环境尚未根本建立，政策碎片化、落实力度不够问题比较突出，政策措施约束性的较多而激励性的偏少。资源环境产品价格尚未完全体现资源稀缺程度和生态环境损害成本，税收政策的绿色导向不强、调节功能不足，金融对绿色发展的支持力度不够。

四、生态环境治理相关现状及问题

党的十八大以来，全党全国推进生态文明建设决心之大、力度之大、成效之大前所未有，忽视生态环境保护的状况明显改变。生

态环境治理明显加强，环境状况得到改善，大气、水、土壤污染防治行动成效明显。2017 年空气中 PM2.5 和 PM10 平均浓度明显下降（见图 7-2），地表水环境质量明显提升。全面节约资源有效推进，能源资源消耗强度大幅下降。重大生态保护和修复工程进展顺利，森林覆盖率持续提高。积极参与和引导应对气候变化国际合作，成为全球生态文明建设的重要参与者、贡献者、引领者。我国着力改善生态环境质量的有力举措获得国际社会认可。

2013 年，联合国通过了推广中国生态文明理念的决定草案；2016 年，发布《绿水青山就是金山银山：中国生态文明战略与行动》报告。2017 年，联合国环境署发布了《中国库布其生态财富评估报告》，中国治沙经验成为样板。在第三届联合国环境大会上，塞罕坝林场建设者荣获联合国环保最

《携手构建合作共赢、公平合理的气候变化治理机制》

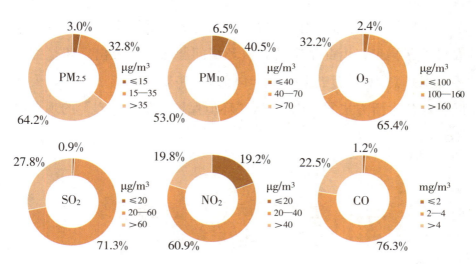

图 7-2　2017 年我国 338 个城市六项污染物不同浓度区间城市比例

资料来源：《2017 年中国生态环境状况公报》。

高荣誉——"地球卫士奖"。联合国副秘书长兼环境署执行主任埃里克·索尔海姆表示："中国的生态文明建设理念和经验，正为全世界可持续发展提供重要借鉴，贡献中国的解决方案。"

在看到我国生态环境保护成绩的同时，也要看到生态环境保护仍滞后于经济社会发展，环境承载能力已经达到或接近上限，优质生态产品供给能力难以满足广大人民日益增长的需要，生态环境保护形势依然十分严峻，成为全面建成小康社会的明显短板。具体体现：一是污染物减排压力较大，经济总量增长与污染物排放总量增加尚未脱钩，污染物新增量依然处于高位，生态环境压力持续增加。二是环境治理难度不断加大，对比发达国家的发展历程，我国在相同发展阶段面临的环境问题更加复杂，多阶段多领域多类型问题长期累积叠加，传统煤烟型污染与PM2.5、挥发性有机物、臭氧等新老环境问题并存，生产与生活、城市与农村、工业与交通环境污染交织。三是不平衡不均衡的矛盾依然存在，城市污染企业出现向农村转移的趋势，低层次业态大量进入农村地区集聚，由此带来的农村环境问题已非常突出。四是生态环境保护意识有待增强，企业环保违法违规问题依然突出，公众践行绿色生活方式的意愿不足，"环境保护，从我做起"的观念还不够深。

第三节　建设资源节约、环境友好绿色发展体系的主要任务举措

建设资源节约、环境友好绿色发展体系是一项长期的系统工

程，需要全面科学规划，久久为功发力。要建立和完善绿色科技创新和市场金融体系、能源生产和消费体系、资源循环利用体系、绿色产业体系、生态环境治理体系和绿色生活消费体系，形成节约资源和保护环境的空间格局、产业结构、生产方式、生活方式，实现经济社会发展与资源环境保护的协同共进，让良好生态环境成为经济社会持续健康发展的支撑点。

一、加快推进绿色技术创新，建设绿色金融体系

绿色技术和绿色金融是实现绿色发展的驱动双轮。一方面，要构建市场导向的绿色技术创新体系。充分发挥市场在绿色技术创新、路线选择及创新资源配置中的决定性作用，强化企业的绿色技术创新主体地位，强化绿色技术创新人才培养。要更好发挥政府的引导、服务和支持作用，建设一批绿色技术创新公共平台，促进绿色科技资源共享；强化标准引领，推进绿色技术标准、绿色产业目录的制定与完善；健全完善政府绿色采购制度，引导和放大绿色创新技术成果运用空间。另一方面，要大力发展绿色金融体系。完善有关绿色信贷、绿色债券、绿色基金、绿色保险的政策，出台各项配套政策支持体系，统一绿色金融标准体系，建立多层次绿色金融市场组织体系，丰富绿色金融产品体系，完善与规范绿色金融监管体系，建立绿色金融统计信息数据库，健全环境信息披露制度，优化绿色金融发展环境，明确和强化金融企业的环境责任，引导社会资金向绿色技术和绿色产业集聚，充分发挥金融服务绿色发展的作用。

[专 栏]

构建绿色金融体系

发展绿色信贷：完善绿色信贷统计制度，对于绿色信贷支持的项目可按规定申请财政贴息支持，探索将绿色信贷纳入宏观审慎评估框架，并将绿色信贷实施情况关键指标评价结果、银行绿色评价结果作为重要参考，纳入相关指标体系，形成支持绿色信贷等绿色业务的激励机制。

发展绿色证券：推动证券市场支持绿色投资，完善各类绿色债券发行的相关业务指引、自律性规则，明确发行绿色债券筹集的资金专门或主要用于绿色项目；积极支持符合条件的绿色企业上市融资和再融资，支持开发绿色债券指数、绿色股票指数以及相关产品，逐步建立和完善上市公司和发债企业强制性环境信息披露制度，鼓励养老基金、保险资金等长期资金开展绿色投资。

设立绿色发展基金：中央财政整合现有节能环保等专项资金设立国家绿色发展基金，投资绿色产业，体现国家对绿色投资的引导和政策信号作用。鼓励有条件的地方政府和社会资本共同发起区域性绿色发展基金，支持地方绿色产业发展。支持社会资本和国际资本设立各类民间绿色投资基金。

发展绿色保险：在环境高风险领域建立环境污染强

制责任保险制度，鼓励和支持保险机构创新绿色保险产品和服务。

完善环境权益交易市场：发展各类碳金融产品，发展基于碳排放权、排污权、节能量（用能权）等各类环境权益的融资工具，拓宽企业绿色融资渠道。

——中国人民银行等部委《关于构建绿色金融体系的指导意见》

二、推进能源生产和消费革命，构建低碳发展模式

能源生产和消费的变革是应对气候变化、实现低碳发展的根本途径和举措。第一，实施能源消耗总量和强度"双控"。继续深化重点领域节能，实施工业能效赶超行动，在重点耗能行业全面推行能效对标；实施建筑节能先进标准领跑行动，编制绿色建筑建设标准，推广节能绿色建材、装配式和钢结构建筑；交通运输领域推广节能汽车、新能源汽车、液化天然气动力船舶等，推进交通运输智能化与绿色化的融合；持续完善能源消耗总量和强度"双控"政策，强化各项"双控"措施落实。第二，积极推进能源结构调整和优化。加快非化石能源发展，水电开发要统筹好与生态保护的关系，发展风能、太阳能要坚持分布式和集中式并举，严格开发建设与市场消纳相统筹，因地制宜广泛开发生物质能，推广利用地热能、海洋能等其他可再生能源。逐步降低煤炭在能源消耗中的比重，增加清洁能源和可再生能源比重，大力推动全国范围内的煤炭清洁高效利用，加快建设清洁的煤炭利用体系。第三，促进节能与新能源的技

术创新、升级和推广应用。推进能源技术与信息技术的集成整合，加强能源系统优化集成与优化配置。研发特种金属功能材料、高温超导材料、石墨烯等关键材料，发展海上能源开发利用平台、燃气轮机、智能电网用输变电设备等关键装备，加快研发工业锅炉、电机系统、余热余能回收利用等领域先进节能技术装备，鼓励开发绿色照明、绿色家电、绿色建材，大力开发节能监测技术。

三、推进资源节约和循环利用，形成循环链接系统

资源节约和循环利用不仅要挖掘废物资源化的潜力，还要从资源利用方式和循环发展模式着手，构建企业—园区—行业不同层级的循环经济产业链条，完善城市循环发展体系和强化保障制度供给。第一，构建循环型产业体系。实现企业循式生产，推动企业实施全生命周期管理，选择重点产品开展"设计机构＋生产企业＋使用单位＋处置企业"协同试点。推广减量化（Reduce）、再利用（Reuse）、资源化（Recycle）"3R"生产法，研究发布重点行业循环型企业评价体系。按照"空间布局合理化、产业结构最优化、产业链接循环化、资源利用高效化、污染治理集中化、基础设施绿色化、运行管理规范化"的要求对园区进行规划、布局和改造，构建循环经济产业链，提高产业关联度和循环化程度。在冶金、化工、石化、建材等流程制造业间开展横向链接，推动不同行业的企业以物质流、能量流为媒介建立跨行业的循环经济产业链。第二，完善城市循环发展体系。进一步挖掘"城市矿产"，推动废钢铁、废有色金属、废塑料、废橡胶等可再生资源集中拆解处理、集中治理污染、合理延伸产业链。探索逆向物流回收、线上线下融合的回收网

络等模式；开展太阳能光伏组件、动力蓄电池、碳纤维材料等新品种废弃物回收利用示范。加快建设一批资源循环利用示范基地。加强城市低值废弃物资源化利用，推动餐厨废弃物、城镇污泥的无害化处理和资源化利用，推动产业废弃物循环利用，支持再制造产业化规范化规模化发展。推动生产系统和生活系统的循环链接，鼓励城市生活垃圾和污水处理厂污泥能源化利用；推动生产系统协同处理城市及产业废弃物示范试点建设。推进循环经济示范城市（县）建设，以京津冀、长三角、珠三角、成渝、哈长等城市群为重点，构建区域资源循环利用体系。第三，推行生产者责任延伸制度，建立再生产品和再生原料推广使用制度，完善一次性消费品限制使用制度，深化循环经济评价制度，强化循环经济标准和认证制度，推进绿色信用管理制度，完善循环发展制度环境。

[案 例]

国家循环经济试点示范典型经验

我国把循环经济作为实现经济发展方式绿色转型的重要举措，作为国家经济社会发展的重大战略。2009年1月1日开始实施《循环经济促进法》，这是继德国、日本之后，世界上第三个国家专门制定并实施的循环经济法律。2009年和2010年，国家先后批复了甘肃省和青海柴达木循环经济发展规划，柴达木成为世界上最大的循环经济实验区。"十一五"期间，国家发展改革委等6部委开展了两批国家循环经济试点示范工作，在重点行业（企业）、产业园区、重点领域及省市层面，共计178家单位进行广泛试点。同时，"十二五"期间，选择循环经济发展薄弱环节开展专项试点示范工作，包括100个园区循环化改造示范试点、100个餐厨废弃物资源化利用和无害化处理试点、49个国家"城市矿产"示范基地、42个再制造试点、28个循环经济教育示范基地和101个循环经济示范城市（县）建设地区等。通过这些试点示范工作，形成了一批有益的典型经验。推广循环经济试点示范中形成的典型经验（《国家循环经济试点示范典型经验及推广指南》），有利于推动调整经济结构形成绿色发展模式，提高生态文明建设水平。

——《国家发展改革委 财政部关于印发国家循环经济试点示范典型经验的通知》（发改环资〔2016〕965号）

四、壮大节能环保、清洁生产、清洁能源以及生态循环农业

壮大节能环保、清洁生产、清洁能源以及生态循环农业是培育绿色发展新动能、实现高质量发展的重要抓手。第一，节能环保产业重点是提高综合服务能力，围绕工业锅炉系统、电机系统、余热余能回收利用、公共机构和市政节能以及大中型用能企业的综合节

能改造、自备电厂淘汰或节能改造、中低温余热利用、智慧节能服务等发展节能产业。围绕污染防治攻坚战研发先进适用的环保技术装备并推进产业化应用，推行环境污染第三方治理、环境基础设施特许经营为代表的环保服务业。第二，清洁生产产业重点是在化工、冶金、建材等资源能源消耗高的行业形成一批污染物减排、节能节水降耗工艺改进技术。研发传统产业绿色转型核心装备以及小型化、智能化的物料原位再生回用设备等。第三，清洁能源产业重点是持续扩大水、核、风、光、气、地热等清洁能源生产消费规模，加强开发建设与输送消纳的协同，严格落实可再生能源电力全额保障性收购制度，加强清洁能源输送通道建设，扩大跨省区互联互通。第四，生态循环农业重点是建立以绿色生态为导向的农业政策体系，稳步增加绿色生态农业投入，推进农业环境问题第三方治理、专业市场化治理。推进投入品绿色化、生产技术绿色化、机械装备绿色化。实施畜禽粪污资源化利用、果菜茶有机肥替代化肥、秸秆处理、农膜回收行动和以长江为重点的水生生物保护等农业绿色发展五大行动。

五、着力解决突出环境问题和加大生态系统保护力度

着力解决突出环境问题和加大生态系统保护力度，是党的十九大对今后一个时期环境治理和生态保护工作提出的新要求和新任务。一方面，要着力解决突出环境问题。要坚持全民共治、源头防治，持续实施大气污染防治行动，打赢蓝天保卫战。加快水污染防治，实施流域环境和近岸海域综合治理，消灭城市黑臭水体。强化土壤污染管控和修复，加强农业面源污染防治，对农用地中的污染

耕地和建设用地中的污染地块分类实施有效管控。群策群力，群防群治，一个战役一个战役打，集中力量攻克老百姓身边的突出生态环境问题。落实最严格的生态环境保护制度，强化排污者责任，健全排污许可、环保信用评价、信息强制性披露、环境违法惩治等制度，让制度成为刚性的约束和不可触碰的高压线。另一方面，加大生态系统保护力度。生态保护和污染防治密不可分，做好污染防治可以降低污染物排放量，而生态保护好可以扩大环境容量。要推进山水林田湖草整体保护和系统监管，严格划定并严守生态保护红线。实施重要生态系统保护和修复重大工程，优化生态安全屏障体系，构建生态廊道和生物多样性保护网络，提升生态系统质量和稳定性。开展新时期大规模国土绿化行动，推进荒漠化、石漠化、水土流失综合治理，强化湿地保护和恢复，加强地质灾害防治。完善天然林保护制度，扩大退耕还林还草。严格保护耕地，扩大轮作休耕试点，健全耕地草原森林河流湖泊休养生息制度，建立市场化、多元化生态保护补偿机制。

六、大力推行绿色消费和生活方式

把绿色消费作为推动形成绿色生活方式的重点突破口。通过加快建立绿色产品权威认证和标识、实现全生命周期管理、降低成本价格等，有效释放绿色消费需求、增强绿色消费供给，加快形成符合我国基本国情、生态文明建设要求的生活方式和消费模式，向勤俭节约、绿色低碳、文明健康的方式转变。要广泛开展绿色生活行动，开展节约型机关、绿色家庭、绿色学校、绿色社区、绿色出行、绿色建筑、绿色商场等创建行动，发挥绿色生活典型示范作用。倡导居民在着装、家电使用、用餐、购物、出行等方面践行绿色生活，旗帜鲜明地抵制和反对各种形式的奢侈浪费、不合理消费。

❦ 本章小结 ❦

　　资源节约、环境友好的绿色发展体系是现代化经济体系的重要标志，实现绿色发展是高质量发展的题中应有之义。本章内容重点阐述了绿色发展体系的主要内涵，辨析了绿色发展、循环发展、低碳发展的关系及各自侧重，分析了绿色发展面临的困难和挑战，并提出了未来的发展重点和主要任务。建设资源节约、环境友好的绿色发展体系，是破解经济社会发展与生态环境保护矛盾的根本之策，是将"绿水青山就是金山银山"重要理念转化为实践行动、建设美丽中国的主攻方向。

【思考题】

　　1.试阐述绿色发展、循环发展、低碳发展的关系与区别。

　　2.请结合工作实践，分析当前绿色发展面临的问题与挑战。

　　3.建设资源节约、环境友好绿色发展体系应重点从哪几个方面着手？

　　4.请分别从普通消费者和党政有关部门工作人员的角度，对形成绿色消费和生活方式的工作开展提出思路。

第八章

建设多元平衡、安全高效的全面开放体系

习近平总书记强调，要推动形成全面开放新格局。当前，世界政治经济格局大发展大变革大调整，中国特色社会主义进入新时代，我国经济由高速增长阶段转向高质量发展阶段，对外开放作为我国长期坚持的基本国策，面临新形势、新要求和新任务。建设多元平衡、安全高效的全面开放体系，是建设现代化经济体系的必由之路，也是进一步发挥以开放促发展、促改革、促创新的作用，实现经济高质量发展的重要支撑。

第一节　推行更高水平全面开放是建设现代化
经济体系的必由之路

建设多元平衡、安全高效的全面开放体系，是我国顺应国际国内环境和条件深刻变化，赢得主动、赢得优势、赢得未来的战略抉

择，具有丰富的理论与实践内涵、鲜明的时代特征和重大的现实意义。

一、多元平衡、安全高效的全面开放体系的内涵和主要特征

（一）"引进来"与"走出去"更好结合

坚持"引进来"与"走出去"并重，是党的十九大报告作出的重要部署。积极有效利用外资不是权宜之计，而是必须长期坚持的战略方针。利用外资不是简单引进资金，更重要的是引进外资搭载的先进技术、经营理念、管理经验和市场机会等，坚持引资和引技引智并举，加强在创新领域的各种形式合作，带动我国企业嵌入全球产业链、价值链、创新链，提升利用外资的技术溢出效应、产业升级效应，促进经济迈向中高端水平。同时，我国拥有强大的产能、适用的技术和较为充裕的外汇，扩大对外投资合作的条件比较成熟。支持企业积极稳妥走出去，既有利于保障能源资源供应、带

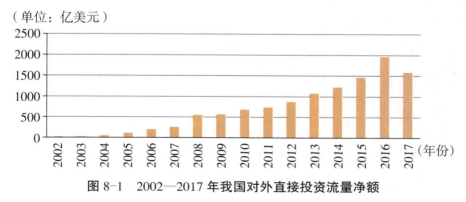

（单位：亿美元）

图 8-1　2002—2017 年我国对外直接投资流量净额

资料来源：商务部。

动商品和服务输出、获取创新资源和营销网络，助力国民经济提质增效升级，也有利于促进东道国经济和社会发展，实现互利共赢。

（二）沿海开放与内陆沿边开放更好结合

我国对外开放从沿海起步，由东向西渐次推进。目前，沿海地区已形成京津冀、珠三角、长三角等对外开放高地。内陆和沿边地区劳动力充裕，自然资源富集，基础设施不断改善，特别是随着"一带一路"建设加快推进，中西部地区逐步从开放末梢走向开放前沿，开放型经济发展空间广阔。要按照党的十九大报告加大西部开放力度的部署，在深化沿海开放的同时，推动内陆和沿边地区从开放洼地变为开放高地，形成陆海内外联动、东西双向互济的全面开放格局。

（三）制造业开放与服务业开放更好结合

除极少数敏感领域外，制造业要进一步开放，持股比例、业务范围等限制也要逐步放宽。同时，党的十九大报告明确提出，大幅度放宽市场准入，扩大服务业对外开放，就是要在深化制造业开放的同时，重点推进金融、教育、文化、医疗等服务业领域有序开放，放开育幼养老、建筑设计、会计审计、商贸物流、电子商务等服务业领域外资准入限制，使制造业开放与服务业开放相互促进、相得益彰。

（四）向发达经济体开放与向发展中国家开放更好结合

发达国家是我国主要经贸伙伴，巩固与发达国家的经贸合作，可以稳定我国开放型经济的基本盘。同时，我国与广大发展中国家的经贸联系也日益密切。2014—2017 年，我国对"一带一路"沿线国家进出口额达 4.1 万亿美元，占同期外贸总额的 1/4 以上；2013—2017 年对"一带一路"沿线国家直接投资约 807.3 亿美元，占同期对外直接投资总额的 1/10 左右。坚持向发达国家开放和向发展中国家开放并重，积极发展全球伙伴关系，全面发展同各国的平等互利合作，实现出口市场多元化、进口来源多元化、投资合作伙伴多元化。

（五）多边开放与区域开放更好结合

世界贸易组织代表的多边贸易体制和自由贸易区代表的区域贸易安排，是驱动经济全球化发展的两个"轮子"。世界贸易组织有 164 个成员，涵盖全球 98% 的贸易额，具有广泛代表性。世界贸易组织规则是经济全球化的重要制度保障，符合世界各国的共同利益。进入 21 世纪以来，多边贸易体制发展进程受阻，开放水平更高、灵活性更强的区域贸易安排蓬勃发展，成为驱动经济全球化的主引擎。要积极参与全球治理体系改革和建设，支持多边贸易体制，促进自由贸易区建设，推动建设开放型世界经济。这既是拓展自身开放空间的需要，也体现了维护国际经济秩序的责任担当。

（六）开放与安全更好结合

不开放死路一条，但也不能一开了之。越是打开开放的大门，越是要强调国家安全，要实现开放与安全的有机结合、高水平平衡。大力加强对外开放的安全工作，在扩大开放的同时，坚持维护我国核心利益，健全体制机制，有效管控风险，建立系统完善、科学高效的开放型经济安全体系，切实提升维护国家安全的能力。

二、建设多元平衡、安全高效的全面开放体系的重要意义

（一）这是培育国际合作竞争新优势、更好开拓国际发展空间的必然要求

2008 年国际金融危机爆发以来，深层次影响持续显现，世界经济复苏艰难曲折，全球贸易增速仍处较低水平，跨国投资尚未恢复到危机前水平。近期，世界经济虽然呈现回暖向好态势，但尚未走出亚健康和弱增长的调整期，深层次结构性矛盾并未有效解决，新的增长动力仍未形成，潜在增长率不升反降，不确定因素较多。国际货币基金组织预测，未来 5 年世界经济年均增速仍明显低于国际金融危机前 10 年 4.2% 的平均增速。

世界经济增长动能不足，导致我国对外开放所处的国际环境与危机前相比发生巨大变化。我国外需从危机前的快速扩大转向相对疲软，发达经济体鼓励制造业回流使得我国利用外资和引进技术面临越来越多障碍。在这样的形势下，只有通过建设全面开放体系，加快培育技术、标准、品牌、质量、服务等国际合作竞争新优势，加快改善国内营商环境，加快通过自身开放推动国外对我开放，才能有效对冲国际环境的不利影响，为商品、资本、技术等引进来和走出去开拓更大市场空间。

（二）这是推动经济全球化、更好参与全球经济治理的必然要求

经济全球化从来不是一帆风顺的，而是在曲折中向前发展。近年来，世界经济疲软、发展失衡、治理困境、公平赤字等问题更加

突出，反全球化思潮涌动，保护主义和内顾倾向有所上升，给世界经济贸易发展蒙上了阴影。经济全球化是时代大潮，深入发展的大势不可逆转，但速度可能有所放缓、动力可能有所转换、规则可能有所改变。

我国是经济全球化的参与者、受益者和贡献者。经济全球化遭遇波折，既给我国利用国际市场和资源带来巨大挑战，也给我国更加积极主动地参与全球经济治理带来重大机遇。抓住机遇、应对挑战的关键是建设多元平衡、安全高效的全面开放体系，对内通过构建开放型经济新体制，扩大市场开放，改善营商环境，推动贸易投资自由化；对外通过"一带一路"建设、自由贸易区网络构建和国际产能与装备制造合作，促进区域经济一体化，以自身改革开放推动经济全球化朝着更加开放、包容、普惠、平衡、共赢的方向发展。

（三）这是更好地利用全球资源和市场、为经济发展增添新动力的必然要求

深化供给侧结构性改革，是新时代贯彻新发展理念、建设现代化经济体系的首要任务，是推动经济发展质量变革、效率变革、动力变革，提高全要素生产率的主线，也是产业迈向中高端、提升国际竞争力的必由之路。

我国已成长为开放大国，推动高质量发展、建设现代化经济体系、深化供给侧结构性改革是在开放条件下进行的。通过建设多元平衡、安全高效的全面开放体系，更好地利用两个市场、两种资源，是题中应有之义。一方面，通过扩大市场准入实现高水平"引进来"，提高现代服务业和先进制造业发展水平，增加有效的中高端供给；另一方面，通过主动开放实现高质量"走出去"，便利企业优化全球

布局，加快推动要素结构和产业结构调整，为经济发展增添新动力。

（四）这是更好地发挥以开放促发展、促改革、促创新作用的必然要求

我国改革处在攻坚期和深水区，必须善于利用开放带来的倒逼机制，以壮士断腕的勇气、凤凰涅槃的决心，敢于向积存多年的顽瘴痼疾开刀，敢于触及深层次利益关系和矛盾，坚决破除一切不合时宜的思想观念和体制机制弊端，突破利益固化的藩篱，把改革进行到底。

从历史经验看，通过开放牵引和倒逼改革，不失为一条有效路径。比如，我国加入世界贸易组织谈判的过程中及加入后，为适应世界贸易组织规则的需要，对国内涉及货物贸易、服务贸易、投资、知识产权等的法律法规进行了系统性清理，极大推进了贸易投资便利化，成为以开放促改革的典型例子。又比如，通过扩大服务业开放，倒逼国内服务业管理体制改革；通过高标准自由贸易区谈判，倒逼国内贸易投资规则加快与国际接轨；通过推动企业走出去参与国际市场竞争，倒逼完善现代企业制度等。总体来看，建设全面开放体系，更好发挥开放型经济领域改革在整体改革中的排头兵作用，是全面深化改革的必然要求，也是改革顺利爬坡过坎的必然逻辑。

第二节　我国开放型经济发展的现状和主要问题

党的十八大以来，我国开放型经济实现跨越式发展，对外开放对经济社会发展作出重要贡献，我国的国际地位和国际影响力不断

上升。但同时，我国开放型经济发展也存在一些问题，需要深入构建开放型经济新体制，推动开放型经济迈向高水平。

一、我国开放型经济发展取得的主要成就

（一）开放型经济发展实现历史性跨越

以推进"一带一路"建设为重点，我国开放型经济发展水平不断提升，更深层次、更高水平的双向开放格局正在形成。贸易大国地位巩固，出口国际市场份额从 2011 年的 10.4% 升至 2017 年的 12.8%。出口结构优化，2017 年我国出口产品结构中，机电产品和高技术产品占比已分别达到 58.4%、29.5%，区域结构中，发展中经济体和新兴市场、"一带一路"沿线国家占比也明显提高。外贸企业创新能力增强，外贸竞争新优势加快培育，国际竞争力不断提升。在利用外资方面，我国已连续 26 年位居发展中国家首

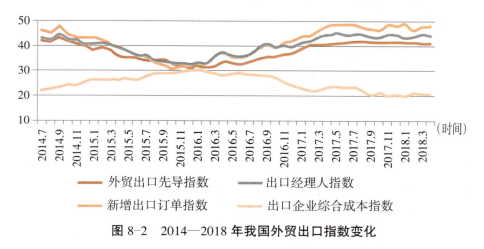

图 8-2 2014—2018 年我国外贸出口指数变化

资料来源：中国一带一路网，见 https://www.yidaiyilu.gov.cn/info/iList.jsp?tm_id=513。

位，2013 年到 2017 年实际引进外资 6580 亿美元。在引资结构上，高技术产业和服务业利用外资占比不断提高，外资对国民经济的贡献率不断提升。伴随着中国企业国际化布局加速，对外投资存量已超 1.9 万亿美元。

（二）开放型经济对我国经济社会的发展改革创新作出重要贡献

党的十八大以来，我国进一步完善体制机制，积极应对国际金融危机，开放型经济在逆势中实现了快速协调发展，有效促进了经济社会全面进步。充分发挥比较优势，积极利用全球资源，在国际化经营中提升产业竞争力，连续 8 年保持全球第一制造业大国。外贸发展继续成为促进国民经济和社会发展的重要支撑力量，外资投向欠发达地区和第三产业不断增多，促进了区域协调发展和产业结构优化。开放型经济发展还解决了大量就业，外贸直接或间接带动就业人数 1.8 亿左右，约占全国就业总数的 23%。

（三）开放型经济发展有力促进了我国国际地位和影响力提升

"一带一路"建设成为我国更加积极参与全球经济治理的主要抓手。我国与沿线国家和地区的政策沟通更加密切。积极开展重大项目建设，公路、铁路、机场、港口等交通、能源、通信基础设施建设稳步实施。大力推动投资贸易便利化，中欧班列开行超过 1 万列，贸易畅通显著提升。扎实开展金融创新合作，资金融通明显改善。持续加大民生领域投入，民心相通日益深化。此外，我国发起创办亚洲基础设施投资银行，设立丝路基金，举办首届"一带一路"国际合作高峰论坛、亚太经合组织领导人非正式会议、二十国集团领导人杭州峰会、金砖国家领导人厦门会晤、亚信峰会等。倡导构建人类命运共同体，促进全球治理体系变革。我国国际影响力、感召力、塑造力进一步提高，为世界和平与发展作出新的重大贡献。

二、当前我国开放型经济发展面临的主要问题

（一）贸易投资已达到相当规模，但质量效益有待提高

我国已成长为外贸大国、利用外资大国和对外投资大国，但大而不强、大而不优特征明显，在国际产业分工中总体处于中低端位置。世界贸易组织和经济合作与发展组织最新统计数据显示，我国出口中国内增加值占比远低于美国、日本、德国。应切实摆脱"规模情结"和"速度情结"，推动外贸向优质优价、优进优出转变；推动利用外资向引资、引技和引智相结合转变；提高对外投资赢利能力、促进对外投资与国内产业发展相协调，更加注重开放型经济发展的质量和效益，提升在全球价值链中的地位，占据国际分工中高端。

（二）沿海开放已发展到较高水平，但内陆沿边总体仍是开放洼地

内陆沿边开放虽然取得显著成绩，但与沿海相比仍是开放的洼地和短板。西部地区拥有全国72%的国土面积、27%的人口、20%的经济总量，而对外贸易、利用外资和对外投资占全国的比重

都不到 8%。长三角对外贸易、利用外资和对外投资占长江经济带的比重在 80% 左右。必须继续探索内陆沿边开放的有效模式和路径，加快内陆沿边开放步伐，实现沿海与内陆沿边开放相协调，这是区域协调发展的必然要求，也是建设全面开放体系的必然要求。

（三）制造业开放程度较深，但服务业开放相对滞后

制造业是我国开放时间较早、程度较深的领域，也是发展较快、竞争力较强的领域。相比之下，服务业对外开放相对滞后，产业整体竞争力不强，仍是经济发展和结构升级的"短板"。比如，服务业利用外资主要集中在房地产业，且以香港资本为主。金融、科技、专业服务等现代服务业对外资限制较多，世界 500 强跨国公司在我国的服务业投资规模和质量远逊于制造业。我国主要服务业领域的贸易限制依然较为显著。必须大幅扩大市场准入，放宽股比、业务范围等限制，扩大服务业对外开放，实现制造业开放与服务业开放协同推进、共同发展。

（四）与发展中国家的经贸合作虽发展较快，但仍有待深化

长期以来，我国经贸合作伙伴主要是发达经济体。2017 年美国、欧盟、日本占我国外贸总额的 36.6%，加上经香港等地的转口贸易比重更高。近年来，我国与发展中国家经贸合作快速发展，但在规模、质量和效益等方面仍待提升。从拓展海外市场、共同打造新型生产网络等方面看，我国必须加大向发展中经济体的开放力度，通过带动合作方发展实现共同发展，这是实现出口市场多元化、进口来源多元化、投资合作伙伴多元化，建设全面开放体系的必然要求。

（五）多边开放与区域开放并行格局初步形成，但贸易投资自由化便利化有待提升

我国已形成坚持世界贸易组织多边贸易体制和推动构建自由贸易区网络并行的开放格局。但是，我国贸易投资自由化便利化仍有提升空间。自由贸易试验区是我国内地开放程度最高的特殊区域，但与中国香港、新加坡、鹿特丹、迪拜等自由港相比，在货物、资金、人员进出自由方面仍有差距，需要探索建设中国特色的自由贸易港，打造开放层次更高、营商环境更优、辐射作用更强的开放新高地，这对于建设全面开放体系具有重要意义。

（六）经济安全保障机制基本确立，但有待继续发展和完善

我国保障经济安全的体制机制框架已基本确立，但需要进一步发展和完善。比如，要继续完善外商投资安全审查制度；完善稀缺资源出口管理；完善多层次"走出去"风险防控机制；完善应对短期资本大规模流动的机制；完善"一带一路"建设的风险防范和化解机制等。这是保障全面开放体系的安全性，实现开放与安全高水平平衡的必然要求。

第三节　建设多元平衡、安全高效全面开放体系的主要任务举措

建设多元平衡、安全高效的全面开放体系，要适应国际政治经济格局新变化和我国经济发展进入新时代的要求，以"一带一路"建设

为重点，坚持"引进来"与"走出去"更好结合，沿海开放与内陆沿边开放更好结合，制造业开放与服务业开放更好结合，向发达国家开放与向发展中国家开放更好结合，多边开放与区域开放更好结合，开放与安全更好结合。加快从低要素成本优势向综合竞争优势转变，从区域开放不协调向协调发展转变，从国际经贸规则的适应遵循者向参与制定者转变，从优惠政策为主向制度规范为主转变。加快培育国际合作和竞争新优势，更加积极地促进内需和外需平衡、进口和出口平衡、引进外资和对外投资平衡，发展更高层次开放型经济。

一、推动构建人类命运共同体

构建人类命运共同体既是中国外交的崇高目标，也是世界各国的共同责任和历史使命。要深入贯彻落实习近平总书记关于构建人类命运共同体的论述，不断开创中国特色大国外交新局面，同世界各国携手合作，共同努力建设一个更加美好的世界。要坚持和平发展道路，推动建设相互尊重、公平正义、合作共赢的新型国际关系。要不断完善外交布局，打造全球伙伴关系网络。要坚持不懈推进"一带一路"建设，进一步深化全方位对外开放格局。要深度参与全球治理，推动国际宏观经济政策协调，积极引导国际秩序变革方向。要加强党对对外工作

《共建创新包容的
开放型世界经济》

的集中统一领导。要进一步深入学习贯彻习近平新时代中国特色社会主义外交思想，增强"四个意识"，坚定"四个自信"，坚决做到"两个维护"，进一步加强对外工作的顶层设计、战略谋划和统筹协调，确保党中央对外大政方针和战略部署得到有力贯彻执行。

二、扎实推进"一带一路"建设

"一带一路"建设是我国扩大对外开放的重大战略举措，也是今后一段时期对外开放的工作重点。共建"一带一路"不仅是经济合作，而且是完善全球发展模式和全球治理、推进经济全球化健康发展的重要途径。在各方共同努力下，"一带一路"建设逐渐从理念转化为行动，从愿景转变为现实。党的十九大报告强调，遵循共商共建共享原则，积极促进"一带一路"国际合作，努力实现政策沟通、设施联通、贸易畅通、资金融通、民心相通，打造国际合作新平台，增添共同发展新动力。要加强同沿线国家发展战略对接，增进战略互信，寻求合作的最大公约数，将"一带一路"建成和平之路。要聚焦发展这个根本，以"六廊六路多国多港"为主体框架，大力推动互联互通和产业合作，拓展金融合作空间，将"一带一路"建成繁荣之路。要提高贸易和投资自由化便利化水平，与相关国家商谈自由贸易协定和投资保护协定，全面加强海关、检验检疫、运输物流、电子商务等领域合作，将"一带一路"建成开放之路。要抓住新一轮科技革命和产业变革的机遇，加强创新能力开放合作，将"一带一路"建成创新之路。要建立多层次的人文合作机制，推动教育、科技、文化、体育、卫生、青年、媒体、智库等领域合作，夯实民意基础，将"一带一路"建成文明之路。

三、积极推进贸易强国建设

拓展对外贸易，培育贸易新业态新模式，推进贸易强国建设，就是要加快转变外贸发展方式，从以货物贸易为主向货物和服务贸易协调发展转变，从依靠模仿跟随向依靠创新创造转变，从大进大出向优质优价、优进优出转变。要加快货物贸易优化升级，加快外贸转型升级基地、贸易平台、国际营销网络建设，鼓励高新技术、装备制造、品牌产品出口，引导加工贸易转型升级。要促进服务贸易创新发展，鼓励文化、旅游、建筑、软件、研发设计等服务出口，大力发展服务外包，打造"中国服务"国家品牌。要培育贸易新业态新模式，坚持鼓励创新、包容审慎的原则，逐步完善监管制度、服务体系和政策框架，支持跨境电子商务、市场采购贸易、外贸综合服务等健康发展，打造外贸新的增长点。要实施更加积极的进口政策，扩大先进技术设备、关键零部件和优质消费品等进口，促进进出口平衡发展。办好中国国际进口博览会，打造向世界各国展示国家形象、开展国际贸易的开放型合作平台。

四、改善外商投资环境实现高水平"引进来"

目前，全球引资竞争日趋激烈，不少国家要素成本比我国更低，政策优惠力度比我国更大。培育引资竞争新优势，并非竞相攀比优惠政策，而是要营造稳定公平透明、法治化、可预期的营商环境。加快出台外商投资法规，完善公开、透明的涉外法律体系，清理涉及外资的法律法规和政策文件，与国家对外开放大方向和大原则不符的要限期废止或修订。要完善外商投资管理体制，《外商投资准入特别管理措施（负面清单）（2018 版）》《自由贸易试验区外商投资准入特别管理措施（负面清单）（2018 版）》修订实施，彰显了我国深化对外开放的决心和意志，受到了国内外的广泛关注和好评；我国 11 个自由贸易试验区试行准入前国民待遇加负面清单管理制度取得显著成效，设立外商投资企业的时间由过去 1 个月减少到 3 天左右；要按照党的十九大要求，全面实行准入前国民待遇加负面清单管理制度，这是外商投资管理体制的根本性变革。要营造公平竞争的市场环境，凡是在我国境内注册的企业，都要一视同仁、平等对待，在资质许可、标准制定、政府采购、享受政策等方面，依法给予内外资企业同等待遇。要保护外商投资合法权益，认真落实关于完善产权保护制度依法保护产权的意见，不以强制转让技术作为市场准入的前提条件，加强知识产权保护，严厉打击侵权假冒违法犯罪行为。

五、 创新对外投资方式实现高质量"走出去"

促进国际产能合作，带动我国装备、技术、标准、服务"走出去"。加强对海外并购的引导，重在扩大市场渠道、提高创新能力、打造国际品牌，增强企业核心竞争力。规范海外经营行为，引导企业遵守东道国法律法规、保护环境、履行社会责任，完善失信联合惩戒机制。健全服务保障，加强和改善信息、法律、领事保护等服务，保障海外人员、机构安全，维护海外利益。

六、 稳步扩大金融对外开放

大幅降低市场准入门槛。坚持准入前国民待遇和负面清单以及金融监管能力与金融开放度相匹配原则。逐步扩大外资业务范围。积极推进人民币国际化。坚持市场驱动原则，以服务实体经济、促进贸易投资便利化为导向，不断完善人民币跨境业务政策框架，优化相关基础设施，稳步扩大人民币在国际贸易、投资中的使用，推动国际货币体系更加平衡健康发展。

七、优化区域开放布局

加大西部开放力度，完善口岸、跨境运输等开放基础设施，实施更加灵活的政策，建设好自由贸易试验区、国家级开发区、边境经济合作区、跨境经济合作区等开放平台，打造一批贸易投资区域枢纽城市，扶持特色产业开放发展，在西部地区形成若干开放型经济新增长极。赋予自由贸易试验区更大改革自主权，着眼于提高自由贸易试验区建设质量，对标国际先进规则，强化改革举措系统集成，鼓励地方大胆试、大胆闯、自主改，形成更多制度创新成果，进一步彰显全面深化改革和扩大开放的试验田作用。探索建设自由贸易港，自由贸易港是设在一国（地区）境内关外、货物资金人员进出自由、绝大多数商品免征关税的特定区域，是目前全球开放水平最高的特殊经济功能区，中国香港、新加坡、鹿特丹、迪拜都是比较典型的自由贸易港，我国海岸线长，离岛资源丰富，探索建设具有中国特色的自由贸易港，打造开放层次更高、营商环境更优、辐射作用更强的开放新高地，对于促进开放型经济创新发展具有重要意义。

[案 例]

上海深化改革和扩大开放的探索

建设上海自由贸易试验区，是党中央、国务院在新形势下全面深化改革和扩大开放的一项战略举措。自成立以来，上海自由贸易试验区在建立以负面清单管理为核心的外商投资管理制度、以贸易便利化为重点的贸易监管制度、以资本项目可兑换和金融服务业开放为目标的金融创新制度、以政府职能转变为核心的事中事后监管制度等方面，形成了一批可复制、可推广的改革创新成果。其中，在投资管理领域，包括负面清单以外领域外商投资企业设立及变更审批改革、涉税事项网上审批备案、工业产品生产许可证"一企一证"等改革；在贸易便利化领域，包括国际贸易"单一窗口"、全球维修产业检验检疫监管、中转货物产地来源证管理、检验检疫通关无纸化、第三方检验结果采信等改革。以上改革均取得了良好的效果，众多改革经验在全国复制推广。

——中国（上海）自由贸易试验区网站

八、促进贸易投资自由化便利化

支持多边贸易体制。落实世界贸易组织《贸易便利化协定》，推动世界贸易组织部长级会议取得积极成果，推进世界贸易组织多哈回合剩余议题谈判，积极参与《政府采购协定》等谈判，参与电子商务、投资便利化等新议题磋商，支持对世界贸易组织进行必要的改革。稳步推进自由贸易区建设。推动区域全面经济伙伴关系协定早日达成，推进亚太自由贸易区建设，逐步构筑起立足周边、辐射"一带一路"、面向全球的高标准自由贸易区网络。提高双边开放水平。继续与有关国家商谈高水平的贸易投资协定，妥善应对贸易摩擦。

九、健全高水平对外开放安全保障机制

完善外商投资安全审查机制，充分发挥外资安全审查在管理外商投资、维护核心竞争力等方面的作用，不断提升风险防范能力，切实维护国家安全和发展利益。建立"走出去"风险防控机制，综合运用经济、外交、法律等多种方式，加强重大事项协调，规范"走出去"秩序，防止一哄而上、恶性竞争，维护国家形象。构建经贸安全保障制度，对涉及国家安全和社会公共利益的进出口管制物项建立安全认证和风险评估制度。加快出口管制立法，构建和实施设计科学、运转有序、执行有利的出口管制体系，完善出口管制执法体制机制，积极参与多边规则制定，完善产业安全预警机制。健全金融风险防控体系，坚持便利化与防风险并重，形成适应开放需要的跨境金融监管制度，统一内外资企业及金融机构外债管理，稳步推进企业外债备案登记管理改革，健全本外币全口径外债和资本流动审慎管理框架体系。健全"走出去"金融监管体系，加强金融监管国际交流合作与机制建设。

本章小结

党的十八大以来，我国开放型经济发展实现了历史性跨越，对经济社会发展和改革创新作出了重要贡献，

有力促进了我国国际地位和影响力的提升。建设多元平衡、安全高效的全面开放体系，要力求"引进来"与"走出去"更好结合、沿海开放与内陆沿边开放更好结合、制造业开放与服务业开放更好结合、向发达经济体开放与向发展中国家开放更好结合、多边开放与区域开放更好结合、开放与安全更好结合。下一步，要坚持从低要素成本优势向综合竞争优势转变、从区域开放不协调向协调发展转变、从国际经贸规则的适应遵循者向参与制定者转变、从优惠政策为主向制度规范为主转变。我国构建全面开放体系的主要任务是，推动构建人类命运共同体、扎实推进"一带一路"建设、积极推进贸易强国建设、实现高水平"引进来"和高质量"走出去"、稳步扩大金融对外开放、优化区域开放布局、促进贸易投资便利化、健全对外开放安全保障机制等。

【思考题】

1. 经济全球化出现了哪些新的趋势？我国在经济全球化中发挥了怎样的作用？

2. 以开放牵引和倒逼改革，在我国有哪些成功经验？

3. 当前我国更积极参与全球经济治理的主要抓手是什么？

4. 举例说明我国开放型经济发展仍然面临哪些方面的不足？

5. 构建多元平衡、安全高效全面开放体系的主要任务有哪些？

第九章

建设充分发挥市场作用、更好发挥
政府作用的经济体制

习近平总书记在党的十九大报告中，对着力构建市场机制有效、微观主体有活力、宏观调控有度的经济体制作出重要部署。要以完善产权制度和要素市场化配置为重点深化经济体制改革，加快完善社会主义市场经济体制，使市场在资源配置中起决定性作用，更好发挥政府作用，实现产权有效激励、要素自由流动、价格反应灵活、竞争公平有序、企业优胜劣汰。

第一节　社会主义市场经济体制是现代化
经济体系的制度基础

市场决定资源配置是市场经济的一般规律，健全社会主义市场经济体制必须遵循这一规律，着力解决市场体系不完善、政府干预过多和监管不到位问题。更好发挥政府作用，体现在科学的宏观调控和有效的政府治理，在保证市场发挥决定性作用的前提下，管好那些市场管不了或管不好的事情。

一、基本内涵

经济体制是一个国家关于资源占有方式和资源配置方式，组织生产、流通和分配的一整套制度体系，是制定和执行经济决策的各种机制的总和，是国家经济的组织形式。充分发挥市场作用、更好发挥政府作用的经济体制，指的是凡是市场机制能够发挥决定性作用的领域，都要坚持在市场机制下由市场微观经济主体按照自身利益最大化的目标来配置资源，大幅度减少政府对资源的直接配置，推动资源配置依据市场规则、市场价格、市场竞争实现效益最大化和效率最优化。一方面，市场是市场经济运行和活动的决定性调节者。由微观市场主体直接依据市场机制进行资源配置，资本、土地、劳动、技术等生产要素都要进入市场，而不再留在政府调节系统，把资源优化配置的主要权力交给市场和微观经济主体，由市场竞争决定供求和价格。另一方面，更好发挥政府作用既不是让政府完全退出、无所作为，也不是像计划经济时期政府取代市场、过度干预，而是在保持宏观经济稳定、加强和优化公共服务、保障公平竞争、加强市场监管、维护市场秩序、推动可持续发展、促进共同富裕、弥补市场失灵等方面发挥积极作用。

建设充分发挥市场作用、更好发挥政府作用的经济体制在理论上和实践上都具有重要意义。首先，这是我们党对社会主义市场经济认识的重大创新与突破。从党的十四大确定建立社会主义市场经济体制的改革目标以来，在二十多年时间里，我们党对政府和市场关系的认识在不断深化、不断成熟。建设充分发挥市场作用、更好发挥政府作用的经济体制是对社会主义市场经济理论的一次重大创新，是社会主义市场经济内涵"质"的提升，是思想解放的重大突破，也是我国深化经济体制改革以及引领其他领域改革的基本方针。其次，抓住了社会主义市场经济的本质特征。市场决定资源配置是市场经济的一般规律，健全社会主义市场经济体制必须遵循这条规律。同时，市场在资源配置中起决定性作用，但并不是起全部作用，我们仍要坚持发挥我国社会主义制度的优越性，在保证市场发挥决定性作用的前提下，政府管好那些市场管不了或管不好的事情。最后，明确了未来深化改革的主线和路线。坚持社会主义市场经济改革方向，正确处理政府和市场的关系，不仅是经济体制改革的基本遵循，也是全面深化改革的重要依托，要使各方面体制改革朝着这一方向协同推进，使各方面自身相关环节更好适应社会主义市场经济发展提出的新要求。

二、建设充分发挥市场作用、更好发挥政府作用的经济体制的重要意义

（一）这是解决制约发展面临突出矛盾和问题的必然要求

经过 40 年的改革和发展，我国已初步建立社会主义市场经济体制，经济社会发展取得举世瞩目的重大成就。但总体上看，我国经济体制仍然面临不少深刻的矛盾与问题，突出表现在两个方面。

一方面，我国基本确立了市场在资源配置中的决定性作用，但市场经济体制和体系还需要进一步完善。首先，市场经济的法律和

信用基础比较薄弱。市场经济是法治经济和契约经济，市场的有效运行和市场机制的有效发挥作用需要完善的法律体系来规范和保障，也需要相应的契约道德精神予以维护。目前我国法制体系和信用体系建设稍显滞后于市场经济实践发展，导致一些经济主体的行为短期化、无序化，不利于提高资源配置效率，也损害社会公平。其次，市场机制的作用还没有得到全面充分发挥。由于政府与市场的关系没有完全理顺，一些地方仍然存在不同程度的保护主义和市场分割，企业在地区之间、行业之间投资和转移不够顺畅，从而使部分领域企业竞争不够充分，形成了不合理的行业间利润率差别和收入差别。

另一方面，政府在资源配置中的职能定位还有待进一步规范和科学化。改革开放以来，我国政府管理体制和制度已经发生深刻的变化，但是部分领域仍残留着一些传统计划经济时代的惯性。首先，政府在某些领域中仍然存在"越位"的问题，对本应属于企业自主决策的事项、市场机制能够有效调节的事项、社会中介组织可以自律事项的直接干预仍不少，"操心过多"。其次，部分领域还存在一些政府该管而没有管或没有管好的问题，导致一些领域公共物品和公共服务供给不足、市场秩序监管不到位等问题。

从一定意义上来说，在我国市场经济中存在的市场化不足与过度市场化之间、政府管得过多与管得不够之间，都存在着互为因果的关系。这种客观情况集中反映出来的核心问题是，市场与政府的关系还没有完全理顺，必须通过建设充分发挥市场作用、更好发挥政府作用的经济体制加以解决。

（二）这是推动经济社会发展水平全面提升的必然要求

建设充分发挥市场作用、更好发挥政府作用的经济体制为我国适应经济发展阶段的深刻变化、推动经济高质量发展开出了一剂良方。

首先，推动高质量发展，迫切需要深化经济体制改革。我国经济增长减速换挡，需要跨越转变发展方式、优化经济结构、转换增长动力的重大关口。但是我国市场作用在要素领域发挥并不充分，资源配置效率较低，难以适应高质量发展要求。要素市场化配置问题不解决，创新动能就很难得到充分释放，全要素生产率也难以提高，经济发展就得不到持久的动力支撑。

其次，应对社会主要矛盾转化，关键在于深化经济体制改革。社会主要矛盾变化在经济领域表现为生活富裕起来的人民群众需求日益多样化、对产品服务日益挑剔，对产品质量提出了更高更新要求，这些都迫切需要充分发挥市场作用，引导企业提高产品质量，创新服务模式，多元化满足市场需求；同时也要更好发挥政府作用，加强引导、做好监管，更好推动经济发展满足人民日益增长的美好生活需要。

最后，深化供给侧结构性改革，需要进一步理顺政府与市场的作用。供给侧结构性改革旨在破除制约经济高效良性运行的结构性、体制性障碍，切实减少无效供给、扩大有效供给，提升供给体系整体质量，提高供给结构对需求结构的适应性。推动供给侧结构性改革仅靠政府用好宏观调控政策还不够，还必须充分发挥市场作用，通过建立公平竞争市场环境，推进要素市场化改革，保护各类产权，发挥供求均衡和价格机制作用，使市场在资源配置中起决定性作用。

第二节　我国经济体制的现状和主要问题

1992 年党的十四大确立社会主义市场经济改革目标以来，各领域改革朝着市场化方向不断向纵深推进，特别是党的十八大以来，经济体制改革从理论到实践不断创新突破，改革支撑发展的动力作用日益显现。但也要看到，改革面临的深层次矛盾和问题仍然较多。

一、党的十八大以来经济体制改革取得重大进展

经济体制改革是全面深化改革的重点。党的十八大特别是十八届三中全会以来，在以习近平同志为核心的党中央坚强领导下，各地区各部门围绕完善和发展中国特色社会主义制度、推进国家治理体系和治理能力现代化这个总目标，大力推进经济体制各项改革，"放管服"、国企国资、财税金融、投融资、农业农村、对外开放等重点领域和关键环节改革取得重大进展和突破，一大批标志性、关键性的重大改革方案出台实施，社会主义市场经济体制各方面"四梁八柱"性质的改革主体框架基本确立，经济体制改革在全面深化改革中的牵引作用有效发挥，有力促进了经济持续健康发展和社会和谐稳定。

（一）"放管服"改革持续加力

将简政放权作为改革的先手棋，2013 年以来国务院共取消和下放国务院部门行政审批事项 670 项，约占总数的 44%。彻底取

消非行政许可审批类别。取消职业资格许可和认定事项434项，削减70%以上。确立以精简前置、并联审批为核心的企业投资项目新型核准制度，中央层面核准项目累计减少90%。工商登记由"先证后照"改为"先照后证"，前置审批精简87%以上。大力推进价格改革，97%以上的商品和服务价格由市场决定。加快社会信用体系建设，守信联合激励和失信联合惩戒机制不断健全。公平竞争审查制度全面实施，"双随机、一公开"监管方式加快推行，事中事后监管制度不断完善。

（二）国企国资改革系统推进

国企改革"1＋N"顶层设计出台实施，十项改革试点全面展开。加快完善现代企业制度，持续推进国有企业瘦身健体、提质增效，抓紧剥离办社会职能和解决历史遗留问题。国有企业混合所有制改革稳步推进，重要领域混改试点取得重要成效。电力体制改革加快推进，售电侧市场竞争机制初步建立，电力市场化交易初具规模。盐业体制改革全面推开。深化石油天然气体制改革的若干意见印发。出台实施完善产权保护制度依法保护产权的意见，民法典编纂、甄别纠正涉产权冤错案件等重点举措取得突破性进展。

（三）财税金融改革不断深化

新修订的《中华人民共和国预算法》实施，基本搭建起现代预算管理制度主体框架。税收制度改革实现重要突破，营改增全面推开，增值税税率由四档简并至三档，资源税从价计征改革全面实施，环境保护税法出台。中央与地方财政事权和支出责任划分改革在部分公共服务领域启动试点。加快利率汇率市场化改革，利率管制基本放开，汇率双向浮动弹性增强，人民币正式纳入国际货币基金组织特别提款权（SDR）篮子。存款保险制度全面建立。民营银行设立进入常态化审批阶段，普惠金融、绿色金融加快发展。股票市场沪港通、深港通开通，新三板市场规模不断扩大，有效拓展了中小微企业融资渠道。

此外，新型城镇化和农业农村改革步伐加快，开放型经济新体制加快构建，科技体制、社会事业、生态文明等领域改革也取得了重要进展。总体看，党的十八大以来，是改革开放以来经济体制改革举措出台最密集、改革力度最大、改革成果最多的时期，也是完善社会主义市场经济体制着力最多、进展最快、成效最显著的时期，改革有效激发了市场主体的活力和社会创造力，改革支撑发展的动力作用日益显现。

[案 例]

营业税改征增值税改革

实施营业税改征增值税试点（以下称"营改增试点"）是党中央、国务院作出的重大决策。2012 年 1 月 1 日，率先在上海交通运输业和部分现代服务业启动营改增试点。此后，分批扩大试点地区范围，2013 年 8 月 1 日将试点推广至全国交通运输业和部分现代服务业。2014 年 1 月 1 日将铁路运输和邮政业纳入试点，同年6月1日将电信业纳入试点。2016年5月1日在全国全面推开营改增试点，将建筑业、房地产业、金融业和生活服务业纳入试点。2017年7月1日，取消增值税13%税率，将四档税率简并至三档，原按13%税率征税的自来水、农产品等23类货物改按11%税率征税。2017年11月19日，废止《中华人民共和国营业税暂行条例》，修改《中华人民共和国增值税暂行条例》，营业税正式退出历史舞台。截至2017年年底，营改增试点累计减税超过2万亿元。全面推开营改增试点，实现增值税对货物和服务全覆盖，贯通了服务业内部和二、三产业之间的抵扣链条，消除了重复征税问题，促进了社会分工协作，大幅度降低了企业税负，有利于推进建设现代化经济体系和现代财政制度，在我国税收制度改革发展中具有里程碑意义。

——财政部整理

二、我国社会主义市场经济体制仍有待完善和健全

经济基础决定上层建筑，上层建筑反作用于经济基础。经济社会发展的一条基本规律，就是上层建筑要适应经济基础。习近平总书记在党的十八届三中全会上指出，"要使各方面体制改革朝着建立完善的社会主义市场经济体制这一方向协同推进，同时也使各方面自身相关环节更好地适应社会主义市场经济发展提出的新要求"。党的十九大报告强调"加快完善社会主义市场经济体制"，并指出

"经济体制改革必须以完善产权制度和要素市场化配置为重点，实现产权有效激励、要素自由流动、价格反应灵活、竞争公平有序、企业优胜劣汰"。这些重要论述，进一步深化了"使市场在资源配置中起决定性作用和更好发挥政府作用"的认识，坚定了社会主义市场经济改革方向，明确了加快完善社会主义市场经济体制的重点任务，是习近平新时代中国特色社会主义思想在经济体制改革领域的具体体现。对标上述要求不难发现，我国社会主义市场经济体制仍有待进一步完善和健全。

第一，市场对资源配置的决定性作用还没有充分发挥出来。例如，要素市场建设相对滞后，已成为制约各类要素自由流动的主要障碍，劳动力市场仍存在城乡、地域、行业分割和身份、性别歧视。城乡统一的建设用地市场尚未形成。金融服务实体经济的功能有待进一步增强。社会体制改革滞后使得资金等生产要素难以进入社会事业、公共服务等领域，带来交通拥堵、停车难、看病难看病贵、进养老院难、入幼儿园难等问题。

第二，现代产权制度有待完善。加快完善产权制度是党的十九大报告确定的深化经济体制改革的重点之一，核心在于产权保护，但近年来一些地方对经济产权和合法利益保护不力，侵犯民营经济组织、自然人财产权的行为时有发生，知识产权保护还有待进一步加强，产权有效激励尚待更大突破。

第三，政府职能转变仍不到位。科学的宏观调控和有效的政府治理是发挥社会主义市场经济体制优势的内在要求。但现实中，一些地方政府和部门越位、缺位、错位的行为时常发生，政府管了不少不该管、管不好也管不了的事，对市场微观主体的直接干预仍然过多；而且政府在加强事中事后监管、提供优质公共服务方面的职能履行仍不到位。同时，要素市场化配置改革仍待深化、公平竞争的市场环境有待完善，这些都需要下大气力加以推进。

第三节　建设充分发挥市场作用、更好发挥政府作用经济体制的主要任务举措

当前我国改革仍处于攻坚期和深水区，必须坚持社会主义市场经济改革方向，积极稳妥从广度和深度上推进市场化改革，坚持和完善我国社会主义基本经济制度，毫不动摇巩固和发展公有制经济，毫不动摇鼓励、支持、引导非公有制经济发展，加快转变政府职能，完善宏观调控体系，使市场在资源配置中起决定性作用，更好发挥政府作用，为建设现代化经济体系提供制度保障。

一、坚持和完善基本经济制度

公有制为主体、多种所有制经济共同发展的基本经济制度，是中国特色社会主义制度的重要支柱，也是社会主义市场经济体制的根基。必须毫不动摇巩固和发展公有制经济，坚持公有制主体地位，不断增强国有经济活力、控制力、影响力。必须毫不动摇鼓励、支持、引导非公有制经济发展，激发非公有制经济活力和创造力。

（一）深化国企国资改革

第一，完善各类国有资产管理体制。以管资本为主深化国有

资产监管机构职能转变，科学界定国有资产所有权和经营权边界。改革国有资本授权经营体制，加快推进经营性国有资产集中统一监管，深化国有资本投资运营公司综合性改革，探索有效的运行模式，发挥国有资本市场化运作的专业平台作用。以国有资产保值增值、防止流失为目标，完善国有资产监督体系，强化出资人监督。第二，加快国有经济布局优化、结构调整、战略性重组。推动国有经济向关系国家安全、国民经济命脉和国计民生的重要行业和关键领域、重点基础设施集中，聚焦发展实体经济突出主业、做强主业，推动国有资本形态转换和结构调整，提高国有资本配置效率。第三，把混合所有制改革作为国企改革的重要突破口，对主业处于充分竞争行业和领域的商业类国有企业，充分运用整体上市等方式，积极引入其他国有资本或各类非国有资本实现股权多元化，以资本为纽带完善混合所有制企业治理结构和管理方式，使混合所有制企业成为真正的市场主体。对主业处于关系国家安全、国民经济命脉的重要行业和关键领域、主要承担重大专项任务的商业类国有企业，保持国有资本控股地位，支持非国有资本参股。第四，形成有效制衡的公司法人治理结构和灵活高效的市场化经营机制。积极推进国有企业股份制改革，全面推进规范董事会建设，切实落实董事会职权，使董事会真正成为企业的决策主体。推进经理层任期制和契约化管理，推行职业经理人制度，探索企业领导人员差异化薪酬分配办法，建立健全与劳动力市场基本适应、与企业经济效益和劳动生产率挂钩的工资决定机制，推动企业内部管理人员能上能下、员工能进能出、收入能增能减。

[案　例]

中国联通：整体混改　战略协同　完善治理　强化激励

中国联合网络通信股份有限公司（以下简称"中国联通"）作为通信领域的混改试点企业，围绕完善治理、强化激励探索出了一系列制度性创新举措，形成了一套可复制、可推广的成功做法，具有较强的示范效应和标杆意义。

第一，引入战略协同的投资者。中国联通混改引入四类战略投资者，包括BATJ（百度、阿里、腾讯、京东）等大型互联网公司、垂直行业领先公司、具备实力的金融企业和产业集团、国内领先的产业基金，形成了战略业务协同和优势互补。

第二，实现多元股权的有效制衡。通过混改，联通集团持有A股公司股权由62.74%降至36.7%，引入14家战略投资者持有35.2%，员工限制性股票激励计划持有2.7%，公众股东持有25.4%，实现多元股权的有效制衡。

第三，规范法人治理结构。落实党的组织机构，将党组织内嵌到公司治理结构中。组建多元化董事会，形成公司内部董事3名、新进入战略投资者董事5名、独立董事5名的13人董事会，让民营资本有充分的决策权和发言权。

第四，深化创新业务领域合作。结合双方资源禀赋，中国联通与 BATJ 等战略投资者在大数据、云计算、智慧城市、物联网、新零售等领域开展深入合作，推动互联网创新业务发展。具备条件的新设公司，实行公司化运作。

第五，推动以市场化为核心的组织和人员变革。打造精干高效的组织机构，集团总部部门减少 33.3%，省级分公司本部机构减少 20.5%，地市级分公司机构减少 26.7%。机构精简后实行干部首聘，竞争上岗，各级管理人员退出率超过 5%。中国联通通过混改，实现了民营资本进入基础电信领域的重大突破，打破了基础电信领域国有资本的垄断格局，促进了基础电信领域的进一步开放。同时，中国联通通过混改做强做优做大主业，实现基础业务和创新业务相互促进、快速发展，经营态势持续向好，主营收入和净利润均实现快速增长，为打造具备国际竞争力的世界一流企业奠定了坚实基础。

——国家发展改革委整理

（二）推进垄断行业改革

遵循市场经济一般规律和产业技术经济规律，将竞争性业务与自然垄断性业务分开，打破行政性垄断，加强对自然垄断的监管，为社会资本进入创造良好环境。深化铁路改革，优化铁路国有资本布局，健全铁路公益性服务财政分类补贴机制，推进多元化投资和市场化运作，提升铁路发展质量。推进石油天然气体制改革，理顺石油勘探、开采、炼制、流通、进出口管理体制，放开对进口原油、成品油、天然气的限制，放宽非常规油气资源勘探开发市场准入，推进油气管道网运分开和公平开放。深化电力体制改革，加快输配电价改革，有序放开发用电计划，通过大用户直购电、销售侧多元竞争等方式，加快电力交易市场化。

（三）支持民营企业发展

学习贯彻习近平总书记在民营企业座谈会重要讲话精神，不断为民营经济营造更好发展环境，帮助民营经济解决发展中的困难，变压力为动力，让民营经济创新源泉充分涌流，让民营经济创造活力充分迸发。坚持权利平等、机会平等、规则平等，深入推进"放管服"改革，全面实施公平竞争审查制度，清理废除地方保护、市场壁垒、指定交易等妨碍统一市场和公平竞争的各种规定和做法，打破行政性垄断，加强反垄断执法，维护公平竞争的市场秩序，不断优化营商环境。坚决破除各种隐性壁垒，严禁在国家法律

《在民营企业座谈会上的讲话》

法规规章和标准之外针对民营企业在注册资本、投资金额、产能规模、土地供应、采购招标等方面设置行业准入门槛，切实打破"玻璃门""弹簧门""旋转门"。加快构建亲清新型政商关系，健全企业家参与涉企政策制定机制，维护企业家公平竞争权益，保护企业家人身和财产安全，完善对企业家的优质高效务实服务，激发和保护企业家精神，壮大企业家队伍，增强企业家信心。

（四）加快健全归属清晰、权责明确、保护严格、流转顺畅的现代产权制度

统筹推进自然资源产权制度改革，改革完善国有资产产权制度，健全农村集体产权制度，加大产权激励的制度创新与方式创新，形成清晰界定占有、使用、收益、处分等产权权能的完整制度安排。全面落实完善产权保护制度依法保护产权的意见，将平等保护作为规范财产关系的基本原则，完善产权保护法律体系。严格规范执法司法行为，审慎把握处理产权和经济纠纷的司法政策，在涉及民营企业家的执法司法中严格依法保护企业法人和涉案人合法财产权。加强政务诚信建设，完善政府守信践诺机制，切实避免因政府不讲诚信而造成对企业和公民财产权的侵害。进一步健全知识产权保护制度，运用"互联网＋"强化知识产权保护，提高知识产权侵权成本，降低维权和保护成本。

二、加快转变政府职能

转变政府职能是处理好政府和市场关系的关键。近年来，政府职能转变不断推进，但总体上看，政府对资源的直接配置过多，对微观经济活动的干预仍然较多，公共服务供给不均衡，市场监管和社会管理仍然相对薄弱。为此，必须按照完善社会主义市场经济体制的要求，通过推进政企分开、政资分开、政事分开、政府与市场中介组织分开，把不该由政府管理的事项交给市场和社会，把该由政府管理的事项切实管住管好，推动政府职能向创造良好发展环境、提供优质公共服务、维护社会公平正义转变，建设人民满意的

服务型政府。

（一）深入推进简政放权

从减少行政审批事项入手，用政府权力的减法换取市场和社会活力的加法，激发市场和社会主体的创造活力。进一步精简各类审批、证照等事项，深入推进精准放权、协同放权，彻底改变以审批发证为主要内容的传统管理方式，把生产经营和投资自主权还给企业。对确需保留的行政审批，要规范行政程序、行为、时限和裁量权，做到标准明确、程序严密、运作透明、制约有效、权责分明。对下放地方的事项，创造条件保障地方和基层接得住、管得好。推进不同层级政府间权责合理配置，赋予省级及以下政府更多自主权，把那些地方切实需要、也能够有效承接的权限和事项下放给地方。全面推行权力清单、责任清单、负面清单制度，让行政机关法定职责必须为、法无授权不可为，让行政相对人法无禁止即可为。加快实施"互联网＋政务服务"，提高行政效能，方便群众办事。

（二）加强市场监管和公共服务职能

政府减少审批事项，并不意味着政府完全大撒把、不管了，而是要按照"宽进严管"的原则，加强事中事后监管，使市场活而不乱。面对环保等方面公共服务日益增长的多样化需求，各级地方政府要充分发挥贴近基层、就近管理的优势，强化市场监管、社会管理、环境保护、公共服务等职责，特别是要将涉及人民群众身体健康和生命安全的食品药品等产品质量安全作为监管重点；要针对人民群众利益诉求更加多样化、经常化的特点，加强和创新社会治理，打造共建共治共享的社会治理格局，维护社会公平正义与和谐稳定。

（三）全面推进依法行政

依法行政的本质是职权法定，以法律形式明确政府职能，完善依法行政的制度，坚决用制度管权、管事、管人，严格依照法定权限和程序履行职责。要健全监督机制，强化责任追究，从制度上保证全面正确履行政府职能。推进政务公开法治化，扩大和保障人民群众知情权、参与权、表达权和监督权，创造条件让人民群众更好地监督政府。

[案 例]

浙江：以"最多跑一次"改革为引领
提升政务服务便利化水平

近年来，浙江省聚焦企业和群众反映突出的办事难、办事慢、多头跑、来回跑等问题，扎实推进"最多跑一次"改革，得到了党中央、国务院的充分肯定和人民群众的广泛赞誉，并向全国推广。

聚焦"一窗受理、集成服务"改革，构建市县乡村"四级联动"的政务服务体系。以"一窗受理、集成服务"作为推进"最多跑一次"改革的主抓手，打造"前台综合受理、后台分类审批、综合窗口出件"的政务服务新模式，除 31 项需要现场检验检测事项外的办事事项全面进驻行政服务中心，实现政务办事"只进一扇门""最多跑一次"。目前，全省共 1449 项办事事项已经全面实现标准化，省市县三级"最多跑一次"事项分别占同级总事项数的 100%、99.59%、99.21%。

聚焦"网上办、掌上办、一证办"，着力打破信息孤岛实现数据共享。构建统一架构、覆盖全省的浙江政务服务网，省级前 100 高频事项实现系统对接和数据共享，制定《浙江省公共数据和电子政务管理办法》，打通 25 个省级部门 45 个信息孤岛和 214 套市县系统，建立完善个人和法人综合库、信用信息库、电子证照库。推进政务服务"网上办、掌上办、一证办"，省市县三级开通网上申请的比率分别达 90.5%、92.5%、91.0%。

聚焦优质高效的营商环境，推进投资审批、市场准入、便民服务等重点领域改革。推进投资项目应用平台、系统打通、网上审批、网上申报"四个 100%"，出台"区域环评＋环境标准""区域能评＋能耗标准"以及施工图审查"多审合一"、建设工程"竣工测验合一"等改革举措，将一般项目图审时间从 2—3 个月压缩到 15 天，竣工验收时间从 3 个月压缩到 20 个工作日以内。23 个行业开展"证照联办"、28 个事项实现"多证合一"，建设"证照联办"平台，办事材料平均从 75 份减少到 12 份，全面推广应用全程电子化登记平台。

聚焦放管结合，推进"最多跑一次"改革向事中事后监管延伸。建设 12345 统一政务咨询投诉举报平台，推行跨部门联合"双随机"抽查监管，联动推进审批制度改革、综合行政执法改革和社会信用体系建设，构建"事前管标准、事中管检查、事后管处罚、信用管终身"的监管体系。开发应用全省统一的执法监管系统，编制执法监管清单，推进信用管理、行政审批、政务咨询投诉举报以及基层治理平台的互联互通。

聚焦规范化标准化，推进"最多跑一次"地方标准建设。推进法律法规与"最多跑一次"改革衔接，公布实施《政务办事"最多跑一次"工作规范》《一窗受理、集成服务》《行政服务大厅现场管理工作规范》等地方标准。

——国家发展改革委整理

三、创新和完善宏观调控体制机制

科学有效的宏观调控是完善社会主义市场经济体制、提升国家治理体系和治理能力现代化水平的必然要求。党的十九大报告指出，"创新和完善宏观调控，发挥国家发展规划的战略导向作用，健全财政、货币、产业、区域等经济政策协调机制"，这为做好当前和今后一个时期的宏观调控工作指明了方向。

（一）完善宏观调控体系

第一，丰富和健全宏观调控目标体系。加强总量性指标与结构性指标的统筹，既防止经济运行大幅波动，保持经济总量平稳增长，又有效引导各方面加大供给侧结构性改革力度，不断提高经济发展质量和效益。加强全国指标和地方指标的统筹，全国指标要充分考虑地区差异，地方指标要加强与国家规划、宏观政策的衔接。加强约束性指标和预期性指标的统筹，强化民生保障、公共服务、生态环保指标的刚性约束，发挥预期性指标的导向作用，有效引导社会资源配置和市场预期。第二，构建更加有效有力的宏观调控政策体系。更好发挥财政政策对平衡发展的积极作用，加大财政支出优化整合力度，提高资金使用效率和效益。健全货币政策和宏观审慎双支柱调控框架，推动货币政策调控框架从数量型调控为主向价格型调控为主转变，完善货币政策目标、工具和传导机制，提高金融调控机制的市场化程度。推进产业政策由差异化、选择性向普惠化、功能性转变，清理违反公平、开放、透明市场规则的政策文件，推进反垄断、反不正当竞争执法。创新完善区域政策，拓展经济发展新空间。第三，完善宏观经济政策协调机制，形成财政、货币、产业、区域等政策间的优化组合，把握好各领域出台政策的时机、力度和节奏，统筹评估政策共振影响，推动国际宏观经济政策协调。加强中央和地方间协调，中央层面要加强顶层设计，充分考虑地方实际，地方层面要加强对宏观经济政策的理解、执行和传导，引导市场主体积极响应和实现宏观政策意图。第四，加强预期管理和能力建设，提高政策透明度和可预期性，稳定市场信心。加强风险防范意识，强化底线思维，重点提高防控金融风险、地方政府债务风险、房地产领域风险和部分地区养老保险支付风险的应对和处置能力，坚决守住不发生系统性区域性风险的底线。

（二）加快建立现代财政制度

第一，进一步理顺中央和地方财政关系。科学界定各级财政事权和支出责任，形成中央与地方合理的财力格局，在充分考虑地区间支出成本因素的基础上将常住人口人均财政支出差异控制在合理区间，加快推进基本公共服务均等化。在处理好政府和市场关系的基础上，合理划分各领域中央与地方财政事权和支出责任，合理划分省以下各级政府财政事权和支出责任，适合哪一级政府处理的事务就交由哪一级政府办理并承担相应的支出责任，省级政府加强统筹。在保持中央和地方财力格局总体稳定的前提下，科学确定共享税中央和地方分享方式及比例，适当增加地方税种，形成以共享税为主、专享税为辅，共享税分享合理、专享税划分科学的中央和地方收入划分体系。第二，建立全面规范透明、标准科学、约束有力的预算制度。推进全口径政府预算管理，全面反映政府收支总量、结构和管理活动，强化政府性基金预算、国有资本经营预算、社会保险基金预算与一般公共预算的统筹衔接，深入实施中期财政规划管理，进一步完善跨年度预算平衡机制。切实硬化预算约束，坚持先预算后支出，构建管理规范、风险可控的政府举债融资机制，增强财政可持续性。全面实施绩效管理，将绩效理念和方法深度融入预算编制、执行和监督的全过程，提升财政资金使用效益。第三，深化税收制度改革。着力完善直接税体系，建立综合与分类相结合的个人所得税制度，优化税率结构，完善税前扣除；进一步完善企业所得税制度；按照"立法先行、充分授权、分步推进"的原则，推进房地产税立法。健全间接税体系，按照税收中性原则，深入推进增值税改革，进一步健全抵扣链条，优化税率结构；研究调整部分消费税品目征收环节和收入归属。健全稳定、可持续的地方税体系，根据税基弱流动性、收入成长性、征管便利性等原则，合理确定地方税税种，适当扩大地方税收管理权限。统筹推进政府非税收入改革，继续推进费改税，适当下放部分非税收入管理权限。

（三）深化金融体制改革

第一，推进金融机构和金融市场改革开放，注重发展普惠金融、科技金融和绿色金融，引导更多金融资源配置到经济社会发展的重点领域和薄弱环节，回归金融服务实体经济本源。推进金融机构治理改革，提高市场化经营能力和风险防控能力。深化金融市场改革，积极有序发展股权融资，拓展多层次、多元化、互补型股权融资渠道，改革股票发行制度，加强对中小投资者权益的保护；丰富债券市场品种，更好满足不同企业的发债融资需求。不断扩大金融对外开放，深化人民币汇率形成机制改革，稳步推进人民币国际化，稳妥有序实现资本项目可兑换；在维护金融安全的前提下，放宽境外金融机构的市场准入限制。第二，完善金融监管制度。健全金融监管体系，统筹系统性风险防控与重要金融机构监管，全面建立功能监管和行为监管框架，强化综合监管。发挥中央和地方两个积极性，中央金融监管部门进行统一监管指导，制定统一的金融市场和金融业务监管规则，对地方金融监管有效监督；地方负责地方金融机构风险防范处置，维护属地金融稳定，不得干预金融机构自主经营。

❧ 本章小结 ❧

　　建设充分发挥市场作用、更好发挥政府作用的经济体制，是建设现代化经济体系的制度基础，也是推动高质量发展的重要保障。本章重点阐述了建设充分发挥市场作用、更好发挥政府作用的经济体制内涵和重要意义，在总结党的十八大以来经济体制改革取得重大进展的基础上，分析了当前我国社会主义市场经济体制的现状和问题，论述了加快完善社会主义市场经济体制的主要任务，提出了当前和今后一个时期深化国企国资改革和垄断行业改革、支持民营企业发展、完善现代产权制度、转变政府职能、创新和完善宏观调控体制机制等重点领域改革举措。

【名词解释】

　　国企改革"1＋N"顶层设计："1"指国企改革总体文件《中共中央国务院关于深化国有企业改革的指导意见》；"N"指国企改革系列配套文件，包括《国务院关于国有企业发展混合所有制经济的意见》《国务院关于改革和完善国有资产管理体制的若干意见》《国务院关于印发加快剥离国有企业办社会职能和解决历史遗留问题工作方案的通知》等，截至2018年6月底，已出台相关文件27个。

【思考题】

　　1.在社会主义市场经济条件下，如何认识政府和市场的关系？

2. 为什么说经济体制改革的核心问题是处理好政府和市场的关系？

3. 当前我国社会主义市场经济体制仍不完善主要体现在哪些方面？

4. 如何坚持和完善社会主义基本经济制度？

5. 转变政府职能的方向是什么？应从哪些方面着力？

6. 社会主义市场经济条件下的宏观调控与计划经济时期的政府管理经济有何区别？

结　语

　　中国特色社会主义进入了新时代，是我国发展新的历史方位，也是建设现代化经济体系最大的历史和时代背景。习近平总书记在党的十九大报告中指出，"我国经济已由高速增长阶段转向高质量发展阶段，正处在转变发展方式、优化经济结构、转换增长动力的攻关期，建设现代化经济体系是跨越关口的迫切要求和我国发展的战略目标"。建设现代化经济体系，是以习近平同志为核心的党中央总揽世情、国情、党情全局，站在实现中华民族伟大复兴的高度，根据新时代的历史方位、主要矛盾和发展目标，从生产力与生产关系辩证统一的大逻辑出发作出的战略部署，有着深刻的历史时代背景和重大现实意义。建设现代化经济体系，是贯彻习近平新时代中国特色社会主义思想、实现新时代党的历史使命的重大部署，是紧扣新时代我国社会主要矛盾、落实中国特色社会主义经济建设布局的内在要求，是决胜全面建成小康社会、开启全面建设社会主义现代化国家新征程的基本途径。建设现代化经济体系，必须深刻领会习近平新时代中国特色社会主义思想的理论精髓和丰富内涵，贯彻落实好新发展理念，按照高质量发展的根本要求，把握好社会主要矛盾的变化，明确主要任务，扎实有力推进。

深化供给侧结构性改革是建设现代化经济体系的首要任务和逻辑主线。要以补短板为重点，以提高供给体系质量作为主攻方向，既要减少无效和低端供给，优化存量资源配置，又要扩大优质增量供给，实现更高水平的供需动态平衡。

构建创新引领、协同发展的产业体系是建设现代化经济体系的重要内容。要把发展经济的着力点放在实体经济上，推动创新、资金、人才等先进生产要素汇聚到发展实体经济上来，努力实现实体经济、科技创新、现代金融、人力资源协同发展。

统一开放、竞争有序的市场体系是加快构建和完善现代化经济体系的重要支撑。进一步完善我国现代市场体系的核心和重点在要素市场体系。关键在于通过改革，完善市场体系的功能，健全市场和价格机制，优化监管体系，充分发挥市场在资源配置中的决定性作用，为我国经济实现高质量发展提供支撑和保障。

收入分配体现效率、促进公平是建设现代化经济体系的必然要求。要坚持按劳分配原则，完善资本、知识、技术、管理等要素按贡献参与分配的体制机制，履行好政府再分配调节职能，缩小收入分配差距，逐步形成更合理、更有序的收入分配格局。

城乡区域彰显优势、协调联动是现代化经济体系的内生特点。要实施新型城镇化战略、乡村振兴战略、区域协调发展战略，深度挖掘、精准培育和有效发挥城乡区域比较优势，促进城乡融合发展、区域良性互动、陆海统筹整体优化，优化现代化经济体系的空间布局，实现城乡区域要素配置合理化、基本公共服务均等化、基础设施通达程度比较均衡、人民生活水平大体相当，塑造城乡融合、区域协调发展新格局。

资源节约、环境友好的绿色发展体系是现代化经济体系的重要标志。要按照习近平总书记"绿水青山就是金山银山"的理念，完善绿色科技创新和绿色金融体系、资源循环利用体系、绿色产业体系等，形成节约资源和保护环境的空间格局、产业结构、生产方式、生活方式，实现经济社会发展与资源环境保护的协同共进。

推行更高水平全面开放是建设现代化经济体系的必由之路。要建设多元平衡、安全高效的全面开放体系，以"一带一路"建设为重点，加快从低要素成本优势向综合竞争优势转变，从区域开放不协调向协调发展转变，从国际经贸规则的适应遵循者向参与制定者转变，从优惠政策为主向制度规范为主转变，加快培育国际合作和竞争新优势，更加积极地促进内需和外需平衡、进口和出口平衡、引进外资和对外投资平衡，发展更高层次开放型经济。

充分发挥市场作用、更好发挥政府作用的经济体制是现代化经济体系的制度基础。要以完善产权制度和要素市场化配置为重点深化经济体制改革，加快完善社会主义市场经济体制，使市场在资源配置中起决定性作用，更好发挥政府作用，实现产权有效激励、要素自由流动、价格反应灵活、竞争公平有序、企业优胜劣汰。

┃ 阅读书目 ┃

1.《习近平谈治国理政》第一卷，外文出版社 2018 年版。

2.《习近平谈治国理政》第二卷，外文出版社 2017 年版。

3. 习近平：《干在实处 走在前列——推进浙江新发展的思考与实践》，中共中央党校出版社 2013 年版。

4. 习近平：《为建设世界科技强国而奋斗——在全国科技创新大会、两院院士大会、中国科协第九次全国代表大会上的讲话》，人民出版社 2016 年版。

5. 中共中央宣传部编：《习近平总书记系列重要讲话读本（2016 年版）》，学习出版社、人民出版社 2016 年版。

6. 中共中央文献研究室编：《习近平关于社会主义生态文明建设论述摘编》，中央文献出版社 2017 年版。

7. 中共中央文献研究室编：《习近平关于全面深化改革论述摘编》，中央文献出版社 2014 年版。

8. 中共中央文献研究室编：《习近平关于科技创新论述摘编》，中央文献出版社 2016 年版。

9. 中共中央宣传部编:《习近平新时代中国特色社会主义思想三十讲》,学习出版社 2018 年版。

10.《十九大报告辅导读本》,人民出版社 2017 年版。

11. 国务院发展研究中心:《迈向高质量发展:战略与对策》,中国发展出版社 2017 年版。

12. 国家发展和改革委员会就业和收入分配司、北京师范大学中国收入分配研究院:《中国居民收入分配年度报告 (2017)》,社会科学文献出版社 2018 年版。

| 后 记 |

　　党的十九大报告指出，我国经济已由高速增长阶段转向高质量发展阶段，正处在转变发展方式、优化经济结构、转换增长动力的攻关期，建设现代化经济体系是跨越关口的迫切要求和我国发展的战略目标。为帮助广大干部深入学习、全面领会中央关于建设现代化经济体系的大政方针和决策部署，明确建设现代化经济体系的重大意义、科学内涵、目标任务和重点领域，不断增强我国经济创新力和竞争力，中央组织部组织编写了本书。

　　本书由国家发展改革委牵头，工业和信息化部、科技部、商务部、农业农村部、国务院发展研究中心、清华大学、经济日报社共同编写，全国干部培训教材编审指导委员会审定。何立峰任本书主编，张勇、宁吉喆、辛国斌、李萌、钱克明、余欣荣、隆国强、姜胜耀、林跃然任副主编。参与本书调研、写作和修改工作的主要人员有：丛亮、严鹏程、杨荫凯、金贤东、赵立东、牛晨、王笑蕾、兰明昊、黄万鹏、崔逸超、吴明洋、魏琪嘉、郭春丽、付保宗、郎君、王青、陈俊、温宗国、熊哲、刘洋、于文静、胡朝晖。参加本书审读的人员有：高培勇、韩保江、章政。在编写出版过程中，中央组织部干部教育局负责组织协调工作，人民出版社、党建读物出版社等单位给予了大力支持。在此，谨对所有给予本书帮助支持的单位和同志表示衷心感谢。

由于水平有限，书中难免有疏漏和错误之处，敬请广大读者对本书提出宝贵意见。

编　者

2019 年 2 月

全国干部培训教材编审指导委员会

《建设现代化经济体系》

主　编：何立峰

副主编：张　勇　宁吉喆　辛国斌　李　萌　钱克明　余欣荣
隆国强　姜胜耀　林跃然

责任编辑：郑海燕　陈　登
封面设计：石笑梦
版式设计：王欢欢
责任校对：马　婕

图书在版编目（CIP）数据

建设现代化经济体系／全国干部培训教材编审指导委员会组织编写 .
　　-- 北京：人民出版社：党建读物出版社，2019.2
全国干部学习培训教材
ISBN 978－7－01－020382－9

I. ①建…　II. ①全…　III.①中国经济－经济体系－干部培训－教材
　　IV. ① F123

中国版本图书馆 CIP 数据核字（2019）第 021289 号

建设现代化经济体系
JIANSHE XIANDAIHUA JINGJI TIXI

全国干部培训教材编审指导委员会组织编写

主　编：何立峰

人民出版社
党建读物出版社　出版发行

北京中科印刷有限公司印刷　新华书店经销

2019 年 2 月第 1 版　2019 年 2 月第 1 次印刷
开本：710 毫米 ×1000 毫米　1/16
印张：14.25　字数：160 千字

ISBN 978－7－01－020382－9　定价：34.00 元

邮购地址 100706　北京市东城区隆福寺街 99 号
人民东方图书销售中心　电话（010）65250042　65289539

本书如有印装错误，可随时更换　电话：（010）58587361